# NUEVAS VOCES HISPANAS

# NUEVAS VOCES HISPANAS

## Contextos literarios para el debate y la composición

### María J. Fraser-Molina
Durham Technical Community College

### Barbara P. Fulks
Davis & Elkins College

### Mercedes Guijarro-Crouch
North Carolina A&T State University

### Graciela Lucero-Hammer
Salem College

Prentice Hall, Upper Saddle River, NJ 07458

Library of Congress Cataloging-in-Publication Data

Nuevas voces hispanas : contextos literarios para el debate y la composición/[compilados por] Maria J. Fraser-Molina ... [et. al].
      p. cm.
   Includes bibliographical references.
   Contents: Octavia fila, izquierda / Asela Gutiérrez Kann — El Oscarcito / Laura Fava — Del montón / Mervin Román — La señorita Florencia / Dorelia Barahona — Las piernas del blue-jeans / Laura Antillano — El sentadito / David Martín del Campo — El cinero / David Acebey — Testigo es la noche de mi padecer / Alejandra Basualto — Sobreviviente / José Alberto Bravo de Rueda — No más amores / Javier Marías — Nadar de noche / Juan Forn — Nueva York / Méndez Vides.
   ISBN 0-13-938077-9
      1. Spanish language—Readers—Short stories, Spanish American. 2. Short stories, Spanish American. 3. Spanish American fiction—20th century. I. Fraser-Molina, María J.

PC4117.N775 1999
808'.0461—dc21                                                                                      99-049454

Editor-in-Chief: *Rosemary Bradley*
Acquisitions Editor: *Kristine Suarez*
Executive Managing Editor: *Ann Marie McCarthy*
Editorial/Production Supervision and
      Interior Design: *Claudia Dukeshire*
Copyeditor: *Glenn A. Wilson*
Editorial Assistant: *Amanda Latrenta*
Prepress and Manufacturing Buyer: *Tricia Kenny*
Director of Marketing: *Gina Sluss*
Cover Art Director: *Jayne Conte*
Cover Designer: *Bruce Kenselaar*
Illustrator: *Kimberly Varnadoe*

This book was set in 11/13 Palatino by Lithokraft II
and was printed and bound by R. R. Donnelley & Sons Company.
The cover  was printed by Phoenix Color Corp.

© 2000 by Prentice-Hall, Inc.
Upper Saddle River, New Jersey  07458

Printed in the United States of America
10   9   8   7   6   5   4   3   2   1

ISBN: 0-13-938077-9

Prentice-Hall International (UK) Limited, *London*
Prentice-Hall of Australia Pty. Limited, *Sydney*
Prentice-Hall Canada Inc., *Toronto*
Prentice-Hall Hispanoamericana, S.A., *Mexico*
Prentice-Hall of India Private Limited, *New Delhi*
Prentice-Hall of Japan, Inc., *Tokyo*
Pearson Education Asia Pte. Ltd., *Singapore*
Editora Prentice-Hall do Brasil, Ltda., *Rio de Janeiro*

To Luis, Guillermina, Carolina and Mariana

María J. Fraser-Molina

To Bob, Robbie and Jubal

Barbara Fulks

To Curtis and Diego

Mercedes Guijarro-Crouch

To my parents, Tommy, Danny and Joey

Graciela Lucero-Hammer

# CONTENTS

Preface                                                                                    *ix*

Acknowledgments                                                                            *xiii*

**1** *Octava fila, izquierda*  Asela Gutiérrez Kann, Cuba                                    1

**2** *El Oscarcito*  Laura Fava, Argentina                                                  13

**3** *Del montón*  Mervin Román, Puerto Rico                                                25

**4** *La señorita Florencia*  Dorelia Barahona, Costa Rica                                  37

**5** *Las piernas del blue-jeans*  Laura Antillano, Venezuela                               51

**6** *El sentadito*  David Martín del Campo, México                                         65

**7** *El cinero*  David Acebey, Bolivia                                                     81

**8** *Testigo es la noche de mi padecer*  Alejandra Basualto, Chile   95

**9** *Sobreviviente*  José Alberto Bravo de Rueda, Perú                                    109

**10** *No más amores*  Javier Marías, España                                               127

**11** *Nadar de noche*  Juan Forn, Argentina                                               139

**12** *Nueva York*  Méndez Vides, Guatemala                                                155

# PREFACE

*Nuevas voces hispanas: contextos literarios para el debate y la composición* is a collection of short stories with extensive supporting materials designed to promote the study of literature in multiple pedagogical roles. The text is intended for use in classes of language, in courses that emphasize conversation and reading, and that focus on current topics. The materials are appropriate for students in their fourth, fifth or later semester of college Spanish, and are specifically designed to bridge the gap between language and literature courses. Our combined teaching experience has indicated strongly that there is no perfect book for any course beyond basic language instruction; hence this text is designed to give the professor great flexibility in addressing particular needs.

The chosen stories are the work of both female and male writers, some of whom have gained international recognition while others have not. This volume thus supplements the numerous existing texts that rely on canonical authors. The stories provide a broad coverage of the world's Spanish-speaking countries and address themes of interest to students in the United States. Their selection and all aspects of their presentation reflect a commitment to using contemporary fiction as a basis for other language-related activities.

The text is arranged in twelve chapters, each focused on one complete short story. The stories are presented in increasing order of difficulty. The topics and exercises accompanying the stories vary from chapter to chapter in order to give the instructor a variety of options. Each chapter contains the following sections and useful features.

# INTRODUCCIÓN

## Biografía

The biographical note provides a brief introduction to the author, including details such as birthplace, profession and literary accomplishments. The author's published works are listed in sufficient detail to encourage further exploration.

## Entrevista con el autor

In each chapter, the author responds to various questions about the creative process and the human condition. Questions focus on why the author writes; what other writers have been important influences; what perspectives on human beings and relationships have formed recurrent themes in the author's work; and so on. Each interview includes at least one question that specifically relates to the story that is included in this reader.

# EJERCICIOS DE PRELECTURA

## Descripción de la ilustración

A thought-provoking ink drawing touches upon a central aspect of the story. Its purpose is less to illustrate the story than to awaken the student's imagination. Questions linked to the image are offered as possible topics of class discussion.

## Relaciones personales

Each story deals with personal relations in one way or another. This section of the text thus offers discussion questions linked to the story that students can answer on the basis of personal experience.

## Palabras y estructuras claves

These vocabulary-building exercises vary somewhat among chapters and usually consist of questions about words contained in a phrase or other brief context. The questions ask the student to supply synonyms and antonyms, identify structures, select key words and so forth.

## Guía de lectura

One of the strategies to enhance reading comprehension is the inclusion of questions for the student to keep in mind while reading the story. These cover basic aspects of the story such as characters, plot elements and major themes. The reading guide is included before the story in order to encourage multiple readings, one in consultation with the guide and one or more afterward.

# CUENTO

Each of the short stories is by a new non-canonical writer from the Hispanic world. Each story is supported by a glossary of words that a student might not be familiar with. Synonyms are provided in Spanish except where the difficulty of explanation creates a need for English equivalents.

## Lectura literaria

The literary analysis section in each chapter is designed to serve the gap-bridging function between language and literary courses. Some of its questions assume prior student experience with literary analysis, while others require only general comprehension and insights.

# MAS ALLÁ DE LA FICCIÓN

## Actividades de redacción

These exercises provide opportunities for students to write about the story (for example, how and why one might want to change some aspect of it) or about issues raised by the story. The items in this and the next two sections can be tailored in many different ways to meet specific classroom needs. For example, a conversation course would take advantage of debate and discussion topics while a composition class could focus on the writing exercises.

## Temas para el debate

All the stories address or illustrate themes of general interest that are subject to widely varying opinions. Each chapter lists a number of these in the form of questions or propositions for debate.

## Temas para conversar en grupos

Additional topics are provided for use in group discussions. These sometimes focus on different aspects of a central question, while other times they explore a variety of themes.

# ACKNOWLEDGMENTS

Asela Gutiérrez Kann, "Octava fila, izquierda". By permission of the author. Laura Fava, "El Oscarcito" from *Algunas víctimas*. By permission of the author and Ada Korn Editora, Buenos Aires. Mervin Román, "Del montón". By permission of the author. Dorelia Barahona, "La señorita Florencia" from *Relato de mujeres: Antología de narradoras de Costa Rica*. By permission of the author and Editorial Mujeres, San José. Laura Antillano, "Las piernas del blue jeans". By permission of the author. David Martín del Campo, "El sentadito". By permission of the author. David Acebey, "El cinero". By permission of the author. Alejandra Basualto, "Testigo es la noche de mi padecer". By permission of the author. José Alberto Bravo de Rueda, "Sobreviviente". By permission of the author. Javier Marías, "No más amores" from *Cuando fui mortal*. By permission of the author and Editorial Alfaguara, Madrid. Juan Forn, "Nadar de noche". By permission of the author. Méndez Vides, "Nueva York". By permission of the author.

We would like to give special thanks to Thomas R. Hammer for his invaluable help in reviewing, guiding and supporting our project. We also wish to express our appreciation to William D. Ilgen for providing stories and helping us in the process of selection.

The photo of Juan Forn was taken by Alejandra López, the photo of José Alberto Bravo is by Celia Escudero-Espada, and the photo of Laura Antillano is by Jorge Lucero.

The author and publisher also wish to thank the following reviewers for their insightful comments and suggestions:

    Penelope Bledsoe, United States Naval Academy
    Julia Caballero, Columbia University
    June Carter, University of South Carolina, Spartanburg
    Glenn A. Morocco, La Salle University
    María Elena Soliño, University of Houston

# 1
# Octava fila, izquierda
## de Asela Gutiérrez Kann

## Conozcamos a la autora

### BIOGRAFÍA

Asela Gutiérrez Kann nació en La Habana, Cuba. Su obra incluye *La Cuba de ayer* (1971) y *Las pirañas y otros cuentos cubanos* (1972). También sus cuentos han sido publicados en revistas y periódicos. La escritora y crítica Pura del Prado, refiriéndose a *Las pirañas*, dice: "Asela nos ha regalado en ese libro su niñez y su pueblo. Es un presente estupendo que nos hace intimar con mallorquines, griegos, chinos, negros, billeteros[1], marinos, mujeres de su casa, niños, perros, pianolas y hasta milicianos[2]. Esos personajes, siendo tan de su rincón, son universales". Actualmente, la escritora reside en California.

---

[1]AUT: vendedores de lotería
[2]militares

# ENTREVISTA CON LA AUTORA

*¿Qué le motivó a escribir esta colección de cuentos?*

El cuento es parte de la colección titulada *Las pirañas y otros cuentos cubanos*. La mayoría de ellos se inspira en incidentes y personajes de la villa ultramarina Casablanca, municipio habanero en el Puerto de la Habana, Cuba, lugar pequeño con un fondo de montaña.

*¿Qué escritores han influido en su obra?*

En la narrativa, Flaubert, Maupassant, Katherine Mansfield, Edgar Allan Poe, Pushkin, Dostoevsky, Pérez Galdós, Milan Kundera.

*¿Qué tipo de película es más popular en Cuba?*

Sólo puedo hablar del cine en la Cuba anterior a Castro. La Cuba que yo conocí incluía películas de todas partes, como en cualquier nación adelantada y moderna.

*¿Ha conocido a personas como Acacia, la protagonista del cuento que sigue?*

Este cuento me lo inspiró una anciana planchadora negra llamada Olalla. Era y actuaba exactamente como la describo. Viuda de un hombre blanco, su hija, blanca como el padre, recibió bastante instrucción como para desenvolverse bien en la vida. Supongo que no tenía a Olalla en su hogar porque la madre era muy independiente. Estoy segura de que le suplementaba dinero para que viviera sin verdaderas penurias.

*¿Piensa Ud. que el cine ofrece un divertimiento inocuo a la sociedad o es su influencia más problemática?*

Creo que la actual influencia del cine es peligrosamente nihilista. La diferencia entre el bien y el mal aparece difusa. Las verdades eternas aparecen como relativas.

By Kimberly Varnadoe

# Ejercicios de prelectura

A. Descripción detallada de la ilustración

B. Asuntos para discutir más allá de la ilustración

1. Cuando Ud. va al cine ¿ve a muchos ancianos en el público?

2. En su opinión, ¿qué películas de hoy son más populares entre los ancianos?

3. ¿Vemos muchos actores mayores en las películas de hoy en día? ¿Puede Ud. nombrar algunos que todavía trabajan?

4. ¿Va Ud. al cine con sus abuelos o con sus padres? ¿Comparten el gusto por las mismas películas?

C. Relaciones personales

1. Describa la vida de sus parientes ancianos. ¿Dónde viven cuando no pueden cuidarse a sí mismos? ¿Qué hacen para entretenerse?

2. ¿Qué actitud tiene Ud. durante una película u obra de teatro? ¿Se identifica con los personajes? ¿Toma distancia? Explique.

D. Palabras y estructuras claves

1. Describa qué sentimientos o ideas le evocan las siguientes palabras o frases:

a. la vejez

b. soñador

c. disfrutar

d. una crisis culminante

e. un asilo de ancianos

2. Escriba cinco oraciones, usando las palabras de la lista anterior.

3. Cuando Acacia habla con los personajes de las películas usa muchos mandatos informales ("ten cuidado", "cásate", "aprovecha", "dale un sopapo", etc.). Piense Ud. en la última película que vio y escriba cinco mandatos para los actores.

4. Este cuento contiene muchos cognados (palabras parecidas en inglés y español). Dé la palabra inglesa y defina en español las siguientes palabras del texto.

   profetiza, antigüedad, septuagenaria, credulidad, ingenuamente, vicario, gastronómico, jocoso, obsequioso, plenitud, indignación, celuloide

## Guía de lectura

Busque las respuestas a las siguientes preguntas mientras lee el cuento.

1. ¿Dónde tiene lugar el cuento?

2. ¿Cuántos años tenía Acacia y cómo era su mundo cotidiano?

3. ¿Cuál era la filosofía de Acacia y cómo la practicaba?

4. ¿Qué precedente hay en la antigüedad que consiste en comentar la trama de un espectáculo?

5. ¿Cómo se ganaba la vida Acacia y cómo reaccionaba el público ante su comportamiento?

6. ¿Qué experimentaba ella mientras veía el espectáculo?

7. ¿Qué hizo el dueño del cine para asegurar su presencia?

8. ¿Dónde se sentaba ella siempre?

9. Describa la apariencia de Acacia.

10. ¿Cuál fue el asunto en la película que le provocó tanta rabia a Acacia? ¿Cómo reaccionó ella ante la humillación?

11. ¿Qué opinaba Acacia de las mujeres de hoy en día?

12. ¿Qué querían las caritativas damas que hiciera Acacia después del censo? ¿Se conformó Acacia con el plan? ¿Por qué?

# Octava fila, izquierda

En la familiaridad predominante entre la población de Casalba
—miniatura de olor y sabor junto al puerto de la Habana—, se
destacaba[1] una persona humilde que, por empatía sistemática,
logró[2] vivir la vejez más amena[3] que vieron los vecinos del
lugar. Su filosofía revelada en el ejemplo, era que lo imaginario
es tan real como lo vivido. Incluso se asignó ella misma la
misión de profetisa, comentadora y moralista a viva voz[4] de
todas las películas que pasaban por el cinematógrafo local. Ni
el advenimiento[5] del cine hablado pudo callarla durante la
10  función. En la antigüedad, la negra Acacia habría formado parte
del coro trágico.

Lo gracioso es que a nadie se le ocurrió calificar de torpe[6] o
ignorante a la septuagenaria planchadora[7] que reaccionaba a las
situaciones ficticias como si estuvieran aconteciendo. Bien se
sabía que Acacia estaba muy en sus cabales[8] para todo lo demás.
En ella, era la credulidad de un ser candoroso[9] y puro, que
siendo por naturaleza soñador, para vivir en soberbio[10] estilo
ignoraba la lógica.

También era cuestión de ensanchar[11] su limitado horizonte
20  —tres millas de la cuna[12] a la tumba— y transportarse todas
las noches por esos mundos en su peculiar alfombra mágica,
aunque de día estuviera clavada[13] al fogón[14] y a la tabla de
planchar, a la prosa de la vida, allí en su modesto cuartucho[15] en
el solar[16] de la calle Marina. Y eso, no del todo, porque la radio
estaba puesta desde que se levantaba, y los incontenibles pies de
Acacia llevaban el compás de cuanto ella oía.

Ir al cine por la noche era la única manera de que una vieja
flaca, arrugada, anónima y pobre, pudiera transformarse

---

[1] destacarse: distinguirse
[2] logró: pudo
[3] amena: agradable
[4] a viva voz: en voz alta
[5] advenimiento: llegada
[6] torpe: pesada, ruda
[7] planchadora: persona que plancha
ropa, como profesión
[8] en sus cabales: normal

[9] candoroso: inexperto, inocente
[10] soberbio: magnífico
[11] ensanchar: extender
[12] cuna: origen
[13] clavada: plantada
[14] fogón: horno
[15] cuartucho: cuarto pobre, miserable
[16] solar: terreno

durante breves horas en una mujer rica, seductora, aclamada,
30 perseguida o engañada, pues ella sentía ingenuamente, con los
personajes del espectáculo.

El cine ejercía sobre la anciana un poder hipnótico. La
sacaba de su cuchitril[17] y le daba acceso vicario a los manjares[18]
gastronómicos, a los trajes regios, a los balnearios de los ricos,
al barrio apache de París, a los estrenos de Broadway, a los
"rendez-vous" amorosos y a las reuniones peligrosas donde se
fomentaban las intrigas internacionales. Le permitía compartir
como suyas, aunque a salvo, las pasiones de quienes vivían
osadamente[19].

40 Lloviera o tronara, Acacia tenía que asistir al cine todas las
noches, excepto si estaba enferma, lo que por suerte no era
frecuente. Sus salados[20] comentarios eran el ají[21] y picante de la
función. El dueño del cine, que lo sabía, acabó por regalarle un
pase permanente, para que no la detuviera nunca la falta de
dinero. El público la asociaba inevitablemente al espectáculo.

Un cuarto de hora antes del comienzo, ya estaba Acacia
sentada en su asiento favorito —y jamás disputado— en la
octava fila de la izquierda, departiendo con otros
madrugadores[22] como ella y echándose fresco con su abanico de
50 guano[23]. Sobria[24], magra[25], limpísima, olorosa a loción Pompeya
de Piver, iba vestida de algodón blanco muy almidonado[26],
zapatos oscuros de corte bajo, y las pasas[27] cubiertas con un
pañuelo algo también almidonado, como el de una cuáquera[28]
antigua.

Se peleaban por sentarse a su lado para saborear mejor sus
salidas jocosas. En los intermedios, cualquiera, hasta el doctor
Coto, el joven médico que vino a reemplazar a Don Amado,
corría, obsequioso, a traerle a Acacia un refresco y un paquete
de almendras garapiñadas[29]. Ella se dejaba mimar[30]. Disfrutaba
60 a plenitud de su bien ganada popularidad.

---

[17] cuchitril: cuartucho
[18] manjares: comestibles deliciosos
[19] osadamente: atrevidamente, sin
temor
[20] salados: ingeniosos
[21] ají: pimiento
[22] madrugadores: los que llegan
temprano
[23] guano: clase de palma

[24] sobria: sencilla, moderada
[25] magra: delgada
[26] almidonado: tieso
[27] pasas: pelo
[28] cuáquera: *Quaker*
[29] almendras garapiñadas: *sugar-coated almonds*
[30] mimar: tratar con consideración

Acacia era una especie de Casandra que además consideraba su obligación alterar el curso de los acontecimientos de acuerdo con un orden más sabio y más justo. A ella nadie le quitaba de la cabeza que los actores estaban allí en persona, detrás de la pantalla[31]. Cómo llegaban a Casalba sin ser vistos era algo que ella no se preocupaba de averiguar.

—¡Ten cuidado con el del bigotito, linda! ... , ese no es de fiar. Cásate con el otro, con el más viejo, que es un hombre de peso[32].

—¡Aprovecha y salta del tren, idiota, ahora que los pillos[33] se
70  durmieron! ¿Qué estás esperando?

—¡Traidores! ... Deja que Mary vuelva de la cocina y los encuentre abrazados. ¡Ganas me dan de avisarle!

—¿Y ahora qué maquinan esos, robar el Casino? ¿Y todo el mundo se va a quedar ahí, pasmado[34], sin llamar a la policía? ... No se apuren, que si hay justicia en este país, les esperan diez años de cárcel! ¡Y les estará bien empleado, por bandidos!

Una noche, Acacia se excedió en su participación activa. Por poco hay que suspender la tanda[35], ante la imposibilidad de controlar a un público medio accidentado de tanto reírse.

80  Se trataba de una película argentina, tal vez mexicana. Era el caso de un hombrecito ridículo, tímido, completamente dominado por su ambiciosa, arrogante, y en extremo bella esposa. Consciente de sus inmensos atractivos y del gancho[36] que tenía con el marido, reclamaba lujos y comodidades que él no podía costearle. En su vanidad y egoísmo, lo incitaba a defalcar[37] el banco donde trabajaba de cajero.

En la escena que provocó en Acacia una crisis apoteósica[38], el tipo se esforzaba por explicar pacientemente a su costilla[39] por qué le era imposible comprarle ese mes el abrigo de chinchilla
90  que ella codiciaba. Pero la mujer se mantenía inflexible, sin atender a razones ni ruegos. Hasta lo amenazó con abandonarlo por un rico que tenía en remojo[40]. En su desesperación, el esposo comenzó a balbucear:

---

[31] pantalla: telón de cine
[32] hombre de peso: hombre distinguido
[33] pillos: pícaros
[34] pasmado: asombrado
[35] tanda: producción
[36] gancho: poder

[37] defalcar: robar dinero de un banco o una institución
[38] apoteósica: culminante
[39] a su costilla: a su mujer (lit: *to his rib*)
[40] en remojo: *spare, waiting* (lit: *in marinade*)

—Escucha, Diana, dame un poco de tiempo ... te lo suplico, Diana, no me abandones. Tan pronto como yo ...

El público no oyó el resto de la frase, ni las siguientes, Acacia poseída de santa indignación, se levantó de su asiento, salió al pasillo central y caminó hasta pararse delante del escenario, hecha un basilisco[41]. No conforme, con intrepidez[42] de 
100 adolescente se alzó la larga falda y se subió a la banqueta del piano, precisamente debajo del proscenio. Encarándose con el sufrido consorte en el celuloide, le gritó a todo pulmón:

—¡Infeliz, no le ruegues más, si lo que sobran son mujeres, mejores que ella! ... Que Diana, ni Diana, dale un sopapo[43] y que no fastidie más!

La sala se vino abajo a carcajadas[44], y los estómagos llegaron a doler. El escándalo fue tal, que el administrativo tuvo que acudir a bajar a Acacia.

—¡Deja eso, Acacia, ¡si no pueden oírte! Baja, que te vas a 
110 partir una pierna ... Tú no estás para estos trajines[45] ...

Para prolongar la diversión, muchos le preguntaron a la salida:

—Acacia, ¿Qué te pasó? ... ¿Por qué te pusiste tan brava?

—¿Qué por qué me puse tan brava? ¡Si la sangre me hervía! Y menos mal que me hizo caso, ¿se fijaron? —comentaba muy oronda[46]— No, si las mujeres de hoy en día no tienen consideración y respeto para sus maridos. Todo se les vuelve exigir. ¡Y ese pobre, que todavía el invierno pasado le compró con tanto sacrificio una chaqueta de astracán[47] que le costó 
120 carísima! —puntualizaba con su abanico—. Pero, no; no señor, "la niña" no quedó satisfecha. Por eso le dije al muy aguantón[48]: ¡Que Diana ni Diana ... , dale un sopapo y que no fastidie más!

¿Con esta vida memorable que Acacia llevaba, les extraña que mandara a paseo a las caritativas damas del otro lado de la bahía, que después del censo vinieron a persuadirla de que estaría mejor atendida en el Asilo de Ancianos de Santovenia?

¿Acacia convertida en un número puesto en el fichero[49] todas las noches a las ocho en punto, junto con las otras tarjetas? ...

---

[41] hecha un basilisco: muy enojada
[42] con intrepidez: sin miedo
[43] sopapo: golpe con la mano
[44] a carcajadas: con risa fuerte
[45] trajines: acciones

[46] oronda: satisfecha
[47] astracán: piel de cordero
[48] aguantón: tolerante
[49] fichero: lista

¿Acacia tapiada del mundo, doblegada a la sola compañía de
130 viejas embarradas[50] en ungüentos y cataplasmas[51], con miedo al
"sereno"[52]? ... ¿Acacia más allá del bien y del mal, como en el
limbo? ... Eso, jamás.

## Lectura literaria

1. ¿Cuál es el tono del cuento?

2. La protagonista y los personajes menos importantes
   pertenecen a varias clases sociales. ¿Qué diferencias
   sociales hay entre estos personajes?

3. ¿Cómo muestra el narrador el estatus más elevado de
   Acacia al describirla?

4. ¿Dónde ocurre el climax o punto culminante en el cuento?

5. ¿Qué vemos de Cuba en el cuento?

6. ¿Contiene el cuento una moraleja o lección? Explíquela.

7. En el penúltimo párrafo el narrador se dirige a los lectores.
   ¿Qué efecto produce esa técnica?

## Más allá de la ficción

A. Actividades de redacción

1. Describa un día típico en la vida de uno de sus abuelos.

2. Haga una lista de cinco comentarios que a Ud. le habría
   gustado hacer durante una película que le gustó
   recientemente.

3. Escriba una escena e incluya las reacciones en voz alta de
   una persona como Acacia.

---

[50] embarradas: cubiertas        [52] sereno: *night air*
[51] cataplasmas: medicamientos

B. Temas para el debate

    1. a. Las películas pueden ser peligrosas porque los espectadores se identifican con los personajes y quieren copiar sus acciones.

      b. Las películas producen un efecto saludable en la sociedad porque permiten a los espectadores una experiencia imaginativa.

    2. a. Los ancianos están más cómodos y mejor protegidos cuando viven con otras personas de edad en un asilo de ancianos.

      b. Los ancianos deben vivir con sus familias.

C. Temas para conversar en grupos de tres o cuatro y discutir en clase

    1. Algunas películas parecen ser apropiadas para toda la sociedad y otras van dirigidas a un grupo u otro (los jóvenes, los hombres, las mujeres). Den ejemplos y discutan si Uds. piensan que Hollywood favorece o se dirige a un grupo más que a los otros.

    2. Comparen el tratamiento y la vida de los mayores en su familia. ¿La religión y la etnicidad tienen que ver con las ideas so la vejez?

# 2
# El Oscarcito
### de Laura Fava

## Conozcamos a la autora

### BIOGRAFÍA

Laura Fava nació en Buenos Aires, Argentina, en 1942. Estudió historia y letras en la Universidad de Buenos Aires. "El Oscarcito" pertenece a su libro de cuentos *Algunas víctimas* (1993) que le mereció el primer premio Iniciación a la Producción Nacional, otorgado por la Secretaría de Cultura de la Nación. Actualmente coordina talleres literarios.

*¿Dónde transcurrió su infancia?*

Mi infancia transcurrió en parte en un barrio tranquilo de la Capital Federal[1], Núñez, en un departamento lindero[2] a la casa de mi abuela. Luego, cuando tenía once años, nos mudamos a Olivos, un suburbio de Buenos Aires.

*¿Cuándo comenzó a escribir y por qué?*

Comencé a escribir en la adolescencia, algo parecido a la poesía o prosa poética, tal vez. Caí en la cuenta[3] de que era capaz de contar historias a los treinta y dos años, y el por qué reside en la imperiosa necesidad de expresarse que, presumo, poseemos todos los que escribimos.

*El sentido de desolación y desesperanza parece brotar de muchos de sus personajes. ¿Podría hablarnos un poco de esto?*

Bueno, supongo que los personajes de esos cuentos no tienen demasiadas razones para mirar el mundo con esperanza. Por otra parte, el escritor es testigo voluntario o involuntario de su tiempo y de su medio; transmite lo que ve y siempre —o casi siempre— ve un poco más allá, percibe un poco más de lo explícito. En los países del tercer mundo suele sufrirse la violencia real o social, o ambas casi como una constante; entonces, la desesperanza aparece como consecuencia de la observación de esa violencia con los ojos de quien no se habitúa a las injusticias.

*¿Ha estado involucrada personalmente en casos de violencia?*

No, aunque la historia reciente de mi país remite a la violencia, a la marginalidad y a la desesperanza, en la medida que pasamos de la violencia del estado a la violencia de un sistema que excluye y desprotege a los que menos tienen.

---

[1]Buenos Aires
[2]adjunto
[3]Me di cuenta.

By Kimberly Varnadoe

*En su opinión, ¿cuál es el papel del escritor frente a las víctimas de la sociedad?*

Sería presuntuoso decir que el papel es denunciar, la obligación es denunciar. En realidad, paradójicamente, creo que el papel del escritor es escribir. Los personajes aparecen naturalmente sin que haya un objetivo preciso, al menos así es en mi caso.

## Ejercicios de prelectura

A. Descripción detallada de la ilustración

B. Asuntos para discutir más allá de la ilustración

1. ¿Qué casos famosos de violencia doméstica o de abuso de poder recuerda Ud.?

2. Sin hacer un estudio exhaustivo, ¿qué sabe Ud. sobre la violencia doméstica en los EE.UU; sexo de las víctimas, situación socioeconómica, reacción de la prensa, participación de las agencias oficiales y de la policía, etcétera?

3. ¿Cree Ud. que las mujeres son más vulnerables a la violencia doméstica que los hombres? ¿Por qué?

4. Si tiene oportunidad, entreviste Ud. a un/a asistente social que trabaje con casos de violencia doméstica.

5. ¿Qué efectos tiene la violencia doméstica en los niños que la presencian o que son sus víctimas?

C. Relaciones personales

¿Cree Ud. que es papel del ciudadano denunciar casos de violencia doméstica a las autoridades pertinentes? Justifique su posición.

D. Palabras y estructuras claves

1. Mire las palabras que aparecen al pie de la página en "Oscarcito" y complete las siguientes oraciones con las palabras del cuento que correspondan.

   a. Es de noche y la ＿＿＿＿＿＿ está muy oscura. Juan no puede ver nada y ＿＿＿＿＿＿ con un zapato que está en el suelo.

b. El _____ es una bebida muy popular en Argentina que se hace en una _____.

c. El domingo pasado toda mi familia se reunió para comer. Mi padre preparó _____ sobre las brasas de la _____.

d. Los amigos entraron en el _____ a beber cerveza y caña.

2. Cambie el tiempo de las siguientes oraciones, escribiéndolas en el presente. Tenga en cuenta las irregularidades de los verbos.

   a. Lo único que quería era llegar a la comisaría.

   b. Mis piernas de alambre no podían llegar más rápido a la comisaría; no servían para nada mis piernas.

   c. Cuando hubo luz, el sargento se levantó.

   d. Empezaron con los sopapos y le tiraron encima un balde con agua que tenía los pañales de mi hermano.

3. Dé el antónimo de los siguientes adverbios.

   a. siempre

   b. adentro

   c. despacio

   d. frenéticamente

   e. normalmente

   f. seguramente

4. Complete cada una de las oraciones a continuación con el adverbio apropiado de la lista del ejercicio anterior.

   a. Elvira es muy trabajadora. Siempre trabaja

      _____.

   b. Juan va al gimnasio con regularidad. Hace gimnasia

      _____.

   c. Mis amigas y yo no salimos los jueves, pero _____ salimos los viernes.

   d. No tengo las llaves del carro conmigo _____ las dejé _____.

   e. La anciana es muy lenta. Camina _____ apoyándose en un bastón.

5. Mire el texto que va a leer por encima, y haga una lista de palabras que impliquen violencia. Use las siguientes categorías:

| sustantivos | adjetivos | verbos | adverbios |
|---|---|---|---|
| | | | |
| | | | |
| | | | |
| | | | |
| | | | |

6. Observe el título del cuento que va a leer e indique qué significa en español el sufijo *-ito*. Piense en otros sufijos que signifiquen lo mismo. ¿Qué sufijos indican lo contrario? Dé ejemplos.

## Guía de lectura

Busque las respuestas a las siguientes preguntas mientras lee el cuento.

1. ¿Quién corre, un hombre o un niño? Describa detalladamente a esa persona.
2. ¿Qué hora es?
3. ¿Adónde va y a quién quiere encontrar?
4. Según el niño, ¿por qué el sargento es bueno?
5. ¿Cómo es el padre del niño?
6. ¿Por qué se considera el niño un inútil?
7. ¿Qué es lo que teme el niño?
8. ¿Cómo hacen el viaje de regreso a la casa del niño?
9. ¿Cómo está la casa cuando llegan? ¿La madre? ¿El padre?
10. ¿Qué hace el sargento con el padre?
11. ¿Se toma el sargento la justicia en la mano?

# El Oscarcito

Corría a todo lo que me daban las piernas, frenéticamente, tropezando[1] con los cascotes[2] del camino desparejo[3], sin que me importaran ni la oscuridad ni el frío ni el miedo que uno normalmente siente en el campo, de noche y a los ocho años. Lo único que quería era llegar a la comisaría[4]: allí estaría, seguramente, el sargento Campos, tomando mate o comiendo un churrasco[5] con los dos presos de siempre. Era bueno el sargento, más de una vez nos había ayudado a mamá y a mí, más de una vez se había ocupado de sacar a papá de los

10   boliches[6] y llevarlo de vuelta a casa, tan borracho que no podía ni estar parado. "Sargento", pensé, "sargentito"... y corría y corría y el dolor en el costado me iba subiendo hasta la garganta. Es que era muy chico y me daban rabia mis piernas de alambre[7] que daban trancos[8] cortitos, como de pollo y no podían llegar más rápido a la comisaría; no servían para nada mis piernas, yo mismo no servía para nada, no podía defender a mi mamá y eso era lo único que ocupaba mi cabeza esa noche mientras corría a lo loco.

Me metí por el patio de la comisaría y casi me llevo por

20   delante la parrilla[9]; las brasas[10] todavía estaban rojas y la pava[11] humeaba sobre ellas. Me metí por el patio llamándolo a los gritos, pero con los gritos se me fue el aliento[12] y, cuando se me paró delante, no pude decir ni una palabra.

—¿Qué te pasa, che[13], Oscarcito? ¿Qué te pasa?

—Papá —salió apenas de mi boca reseca— Papá ... la va a matar.

El se dio vuelta, me manoteó y me levantó por el aire como si fuera una plumita, entró conmigo debajo del brazo y empezó a los gritos:

---

[1] tropezar: trabarse los pies en algún objeto
[2] cascotes: *rocks*
[3] desparejo: desigual, no parejo
[4] comisaría: oficina de policía
[5] churrasco: carne asada, biftec
[6] boliche: almacén/bar pequeño
[7] alambre: hilo de metal

[8] trancos: pasos largos
[9] parrilla: *grill*
[10] brasas: leña o carbón encendido
[11] pava: utensilio para hervir el agua
[12] aliento: *breath*
[13] che: (Argentina) interjección informal que sirve para llamarle la atención a alguien

30    —Vos, prepará el auto; vos meté a estos en la cucha[14] y no te
movás de acá ¡González, veníte conmigo! ¡Rápido, marmotas[15],
qué carajo[16]!

En el auto nuevo que les había comprado la Cooperadora
Policial, tardamos cinco minutos en recorrer lo que a mí me
había llevado media hora. Me preguntó; le dije que había vuelto
muy borracho y que pidió de comer y que le pareció fría la sopa
y que, entonces, tumbó[17] la mesa y le dio una patada[18] al
Antonio, que era tan chiquito el pobre, y después se la agarró
con mamá[19] a puro golpe y que cuando empezó a buscar el palo,
40    yo me vine, me fui, digo, porque pensé que me la mataba a mi
mamá y yo no podía hacer nada.

Cuando llegamos, mi casa estaba tan tranquila como si todos
durmieran, tanto que el Chino recién nos toreó[20] cuando
entramos al patio. Pero adentro parecía que se hubiera
derrumbado[21] el techo; mamá estaba en un rincón, hecha un
ovillo[22], con el Antonio metido entre las piernas como acabado
de nacer, los dos tan calladitos que me asusté más de lo que
estaba. El sargento iluminó con la linterna[23] la cara de mamá.

—Lidia —le dijo él— Lidia, ¿estás bien? ¿qué te hizo?

50    Mamá abrió un poquito los labios tan partidos y se corrió
despacio los pelos de la cara.

—¿Sos vos? —le preguntó— ¡Ay, Juan ...!

Yo no sabía que se tuteaban[24] y, aunque era muy chico, me
sorprendió. De todos modos, estaba tratando de encender la
lámpara y no escuché demasiado lo otro que se dijeron. Cuando
hubo luz, el sargento se levantó, se metió en la pieza como si se
lo llevaran los diablos y salió con papá a la rastra[25] que, de tan
dormido, no sabía ni qué era lo que le pasaba. Entre él y el otro
policía lo sacaron afuera y empezaron con los sopapos y le
60    tiraron encima un balde con agua que tenía los pañales[26] de mi

---

[14] cucha: lugar para un perro
[15] marmota: persona que duerme
mucho
[16] carajo: *damn*
[17] tumbó: *turned over*
[18] patada: golpe con el pie
[19] se la agarró con mamá: *he picked on
my mom*

[20] torear: ladrar
[21] derrumbado: caído
[22] ovillo: *ball of yarn*
[23] linterna: *flash light*
[24] tutearse: tratarse de *tú* (en
Argentina, *vos*)
[25] a la rastra: arrastrando
[26] pañales: *diapers*

hermano y ahí quedaron, desparramados[27] por la tierra los pañalitos y ellos que le pegaban y le pegaban. Una patada del policía y ahí iba mi papá a dar contra la pared y cuando rebotaba[28], lo abarajaba[29] el sargento con otra; un golpe, una patada, un golpe, un sopapo, y así. Hasta que lo soltaron y el sargento dijo:

—Si volvés a tocar a esta mujer y a los chicos, yo mismo te mato.

Y él quedó tumbado ahí, de cara al piso, como un montón de
70    trapos[30].

Me quedé de pie, a su lado, sin saber qué hacer y el sargento se me acercó sobándose[31] la mano derecha y me dijo que estaba todo en orden y que me fuera para adentro y que ayudara a mi mamá a componer la casa. Me acarició la cabeza. Lo vi irse, vi sus piernas zambas[32] de tanto caballo, y lo odié. No me moví hasta que papá suspiró[33] y se quejó un poco con la cara contra la tierra; traje de adentro una manta[34] y lo cubrí; el pobre se enroscó[35] en ella y allí se estuvo, quieto. Debo haberme dormido ahí mismo, porque a la mañana siguiente me desperté envuelto
80    en la frazada. De mi papá nunca más supe nada; ni él ni sus cosas estaban ya en casa.

## Lectura literaria

1. ¿Quién es el narrador? Haga una descripción del narrador, basándose en los datos que aparecen en el cuento: Sexo, edad, físico, personalidad, temores, deseos.

2. Reflexione Ud. sobre lo que dice el narrador de la historia:

MODELO: "Yo no sabía que se tuteaban y, aunque era muy chico, me sorprendió. De todos modos, estaba tratando de encender la lámpara y no escuché demasiado lo otro que se dijeron".

¿Por qué se sorprende el niño del uso del tuteo entre su madre y el sargento?

---

[27] desparramar: esparcir por el suelo
[28] rebotar: *to bounce*
[29] abarajar: tomar
[30] trapos: *rags*
[31] sobar: frotar

[32] piernas zambas: piernas separadas hacia afuera
[33] suspirar: *to sigh*
[34] manta: *blanket*
[35] enroscar: *to coil up*

3. ¿Hay otra historia implicada en el cuento? ¿Cuánto sabe el niño? Con su profesor/a discuta los modos de conocimiento de un narrador sobre la historia que narra.

4. Describa a los personajes del cuento y explique la relación que existe entre:

sargento/niño

niño/padre

padre/madre

madre/sargento

sargento/padre

padre/hijos

## Más allá de la ficción

A. Temas para conversar en grupos y discutir

1. Expongan ejemplos o casos concretos de violencia en la familia. Pueden buscar el material en las noticias de la televisión o en los periódicos.

2. Haga una lista con ideas que puedan ayudar a resolver el problema de la violencia en la familia.

3. Describa cómo debe ser un buen policía y qué cosas debe evitar para ser un buen agente del orden y de la paz. Después compare y contraste sus ideas con las del resto de la clase.

4. Busquen noticias de la televisión, en los periódicos o en la internet, en las que la policía y las fuerzas del orden sean los agentes de la violencia.

B. Temas para el debate

1. a. Hay una relación entre la violencia doméstica y la situación económica de la familia.

   b. No hay relación entre la violencia doméstica y la situación económica de la familia.

2. a. Las personas con poca educación son más propensas a la violencia.

   b. Las personas con poca educación no son más propensas a la violencia.

3. a. El gobierno debe tomar total responsabilidad de la custodia de los niños que sufren maltrato y separarlos de sus padres.

   b. El gobierno debe responsabilizarse y vigilar las situaciones de los niños que sufren maltrato, pero no separarlos de sus padres.

4. a. Los padres y maestros deben usar a veces castigos físicos para evitar la mala crianza.

   b. Los castigos físicos no resuelven el problema de la mala crianza.

C. Actividades de redacción

1. Haga una lista de consejos para evitar la violencia:
   a. en la familia
   b. en el barrio
   c. en el país
   d. en el mundo

   Trate de usar expresiones impersonales como **es necesario, es importante, es imprescindible, hay que,** y otras que Ud. conozca.

2. Desarrolle una breve narrativa que ejemplifique un caso de violencia doméstica.

3. Desarrolle una breve narrativa que ejemplifique un caso de violencia en manos de la ley.

# 3
# Del montón
de Mervin Román

## Conozcamos a la autora

## BIOGRAFÍA

Mervin Román nació en Yabucoa, Puerto Rico, el 10 de mayo de 1953. Estudió un bachillerato en psicología en la Universidad de Puerto Rico. Realizó su maestría y su doctorado en Buffalo, New York, donde se especializó en estudios puertorriqueños y Español.

Además del libro de cuentos *... salidos del útero,* en el que aparece "Del montón", Román ha publicado dos libros de poesía, *Mejunje* y *Bajo la luna erótica del Caribe.* Ha escrito dos novelas, *La negra Micaela* y *La elegía de un elegido.* Actualmente, la autora está negociando la publicación de estas obras.

Román lleva a cabo trabajos de investigación literaria en los que se interesa sobre la mujer, lo fantástico y temas psicológicos. Ultimamente, la autora se preocupa por el tema de la negritud, el racismo y la identidad nacional en Puerto Rico. En el terreno de la crítica literaria ha publicado *El cuento fantástico en Puerto Rico y Cuba.*

*¿Por qué escribe?*

Escribo por hablar, por defender, por exorcizar experiencias; por jugar con ideas, por reinventar mundos paralelos al nuestro, por jugar a ser una pequeña diosa en este universo, por jugar a ser psiquiatra, en fin, por tener algo bajo control.

*¿Qué autores han ejercido influencia en su escritura?*

Milán Kundera es el escritor que está ejerciendo más influencia en mí. De pequeña, el romántico Gustavo Adolfo Bécquer me introdujo en la fantasía. La realidad puertorriqueña me lanzó a la falda de Jacobo Morales, alguien que no triunfó como escritor, pero sí como productor y director de cine.

*¿Cómo podría definir su identidad como mujer y puertorriqueña?*

Soy la combinación de una confusión metafísica y una ambivalencia física. Como mujer, tengo que luchar para que se me escuche más allá de la ropa cara y el perfume apestoso. Que no se me escuche menos que al compañero imponente y de voz gruesa que impacta cada vez que abre la boca. Que se me dé un lugar físico donde exista *yo* por mí misma y no porque *compro* ese espacio. Mi nombre engaña. Sin verme, la gente cree que soy un *mister*. Al verme, descubren que soy una *señora*. Y siempre me tengo que asegurar que me acepten como *señora* y no porque crean que soy el *mister*. Como puertorriqueña, siempre tengo que luchar por encontrarme. Eso de ser "norteamericana" y sentir como "hispana" no es un juego. A cada momento me tengo que definir y luchar por lo que los líderes puertorriqueños no han luchado: que soy caribeña de habla hispana, que soy negra y que soy diferente a los de aquí.

*¿Cuáles son los problemas sociales que más le exasperan?*

La injusticia social es lo que más me exaspera. Me da tanto coraje que tengo que llorar, luego gritar y maldecir y por último escribir. Es el coraje que pueden ver a través de mis líneas.

*¿Por qué usa el humor como instrumento de crítica en el cuento?*

A mí me gusta el motivo de la máscara. El humor es una de ellas. La gente está harta de sermones. La gente merece y se ha ganado, a

By Kimberly Varnadoe

fuerza de sufrimientos y represalias, el reír. Supe que el humor me salía natural y lo implanté como mi estilo. Reír es parte de mí. Así le pasa a mi lector, riéndonos pasamos las horas y al final también capta mi mensaje. Te gustó, lo disfrutaste y lo entendiste. Lo que es más, lo empiezas a compartir.

## Ejercicios de prelectura

A. Descripción detallada de la ilustración

B. Asuntos para discutir más allá de la ilustración

1. ¿Es la violencia física la única manera de maltratar a los niños? Justifique su respuesta con ejemplos.

2. ¿Existen en su sociedad prácticas autorizadas que conviertan a los niños en objetos comerciales?

3. ¿Son sexistas y racistas estas prácticas? Explique.

4. En su opinión ¿de qué modo puede ayudar o interferir en el desarrollo de una niña la participación en un concurso de belleza?

5. ¿Cuáles son los intereses comerciales que promueven los concursos de belleza?

6. ¿Cree Ud. que participar en uno de estos concursos es un deseo infantil o un interés de los padres?

7. ¿Qué sacrificios tienen que hacer las niñas que participan en uno de estos concursos?

C. Relaciones personales

1. ¿Cree Ud. que la belleza ideal tiene que ver con el grupo étnico al que uno mismo pertenece o depende del ideal de belleza del grupo dominante? ¿Por qué?

2. ¿Piensa Ud. que el fin de ganar un premio o una beca justifica la creación de los concursos de belleza?

3. ¿Considera Ud. que la palabra *competir* tiene connotaciones positivas o negativas? Explique su opinión.

4. ¿Consume Ud. muchos productos comerciales? ¿Le resultan imprescindibles estos productos? ¿Cómo afectan estos productos su vida y su relación con los demás?

D. Palabras y estructuras claves

1. Defina en español con sus propias palabras los siguientes vocablos:

    MODELO: fisonomía: *Es el aspecto físico de una persona. Por ejemplo el color de la piel, la forma de la nariz ...*

    a. el presupuesto:
    b. el ajuar:
    c. el concurso:
    d. dilatarse:
    e. la beca:

2. En las siguientes oraciones aparecen frases verbales. Subráyelas y luego busque otra expresión en español que signifique lo mismo.

    MODELO: Los empleados <u>cesan de trabajar</u> a las seis.
    *Los empleados dejan de trabajar a las seis.*

    a. Yo sabía que tendría que hacer unos ajustes al presupuesto.
    b. Ante ese incomodo, el estómago de la pequeña comenzó a traicionarla.
    c. Intenté de convencer a la menor de poner más cuidado.
    d. Traté de buscarlo con la mirada.
    e. Me tuve que sentar alejada del montón de gente para no llorar de coraje.

3. Complete las siguientes oraciones con **por** o **para** según sea necesario. Razone su decisión:

    a. Compré crema _____ el cuerpo.
    b. El concurso se dilató _____ dos horas.
    c. Terminé _____ comprarle unas galletas.
    d. Yo me vestía de paciencia _____ no gritar ni maldecir a los organizadores del concurso _____ no empezar más a tiempo.
    e. Ganó la mitad de una beca _____ competir en otro concurso.

4. El título de este cuento es una expresión idiomática. Busque en un diccionario la palabra *montón*. ¿Qué quiere decir *montón*? ¿Qué le sugiere la expresión *del montón* que tiene como título el cuento? ¿Personalmente, Ud. prefiere cosas comunes, *del montón* o cosas únicas, diferentes, fuera de lo común? ¿Por qué?

5. Busque en el texto expresiones y palabras que le indiquen:
   a. la fisonomía de los personajes de este cuento
   b. el enojo y la exasperación
   c. el tiempo detenido

## Guía de lectura

Busque las respuestas a las siguientes preguntas mientras lee el cuento.

1. ¿Por qué la mujer tiene que hacer ajustes en el presupuesto doméstico?
2. ¿Qué necesita comprar la mujer para que sus hijas participen?
3. ¿Por qué no quiere informarle a su esposo de sus gastos?
4. ¿Cómo ve la mujer a sus hijas en comparación a las otras niñas?
5. Describa la fisonomía de las hijas de esta mujer.
6. ¿Por qué está convencida la madre de que sus hijas van a ganar el concurso?
7. ¿Es gratis la entrada de participación en el concurso?
8. ¿Cuánto tiempo se demoró en comenzar el concurso?
9. ¿Cómo se sienten las niñas durante todo este tiempo? ¿Están contentas?
10. ¿Cómo están clasificadas las participantes del concurso?
11. ¿Qué piensa la mujer de todos los bebés que participan?
12. ¿Cómo es el bebé que gana?
13. ¿Cómo son las ganadoras de las otras categorías?
14. ¿Qué tienen en común todas las ganadoras?
15. ¿Por qué quiere la mujer que le devuelvan el dinero?
16. ¿Cómo reaccionó la hija menor de la mujer al no ganar?
17. ¿Cómo reaccionó la mujer cuando su hija mayor ganó "la mitad de una beca para participar en otro concurso"?

# Del montón

Yo sabía que tendría que hacer unos ajustes al presupuesto[1].
Todo era cuestión de no pagar el gas, ni la luz, ni el teléfono, ni
los préstamos[2], ni comprar mucha comida. Por lo demás estaba
convencida, o más bien me convenció la mujer que conocí en la
esquina, de que mis hijas eran dos pedazos de sol. Así es que en
secreto, para que mi esposo no se enterara[3] del gasto, apunté[4] a
mis dos niñas en el concurso[5] de belleza de niñas. Por dos días
estuve poniendo al día las compras, que se resumieron en
quinientos dólares divididos en dos pares de zapatos, dos pares

10  de medias, dos conjuntos de pantalones modernos, dos
sombreros, dos pantaletitas[6] con puntillas[7] (por si acaso), crema
para el cuerpo, enjuague y acondicionador del cabello, rociador
fijador[8] del cabello, rociador especial para hacer ricitos[9] en el
cabello, tenazas[10], secadora manual del cabello, en fin, de todo
lo que se ha inventado para hacer bonita a la mujer, en edición
para niñas. Y por si acaso yo tenía que dar la cara al público
(como representante legal de las niñas) me compré mi ajuar[11]
por el lado.

Cuando llegó el día del concurso, íbamos radiantes las tres.

20  Lo primero que hice fue observar a las demás niñas para
comprobar que las mías eran especiales. Llevaban encima ese
color peculiar caribeño combinado con esa fisonomía parte
india, parte negra y parte española que las hacían resaltar en
cualquier grupo. A eso se le sumaba el pelo rizo de una y el
lacio[12] azabache[13] de la otra que me hacían sentir orgullosa cada
vez que alguien decía "How cute are those girls". Así que,
convencida de que llevaba dos versiones diferentes de lo que el
americano tenía por "cute" y de que íbamos a cargar con[14] dos
premios, pagué la cuota de entrada de cien dólares.

---

[1] presupuesto: *budget*
[2] préstamos: *loans*
[3] enterarse: saber
[4] apuntar: anotar
[5] concurso: *contest*
[6] pantaletitas: *underpants*
[7] puntillas: *lace trim*

[8] rociador fijador: *setting lotion*
[9] ricitos: *curls*
[10] tenazas: *curling iron*
[11] ajuar: ropas especiales
[12] lacio: *straight*
[13] azabache: negro
[14] a cargar con: llevarnos

30      Como había tantos niños, el concurso se dilató[15] por dos
horas. Ante ese incomodo, el estómago de la pequeña comenzó
a traicionarla. Terminé por[16] comprarle unas galletas[17] con un
refresco, los que fueron a parar parte en el pantaloncito de
marinerita[18] de mi pequeño sol. La otra no, ésa estaba consciente
de su función y no quiso estropear[19] su figurita de muñeca de
porcelana boricua[20]. Y por más que intenté de convencer a la
menor de poner más cuidado, lo que sí acaparó su atención fue
un semillero de hormigas[21] que se "colaron"[22] en la tierra de las
plantas que servían de decoración. Lo primero que hizo fue
40      quitarse el gorro[23] de marinerita (porque se le caía a ratos),
luego las zapatillas de lona[24] (porque le quedaban grandes) y
por último abrió la boca a llorar porque le picaban los
pantalones. Mientras tanto, yo me vestía de paciencia para no
gritar ni maldecir a los organizadores del concurso por no
comenzar a tiempo. Hasta que por fin alguien me leyó los
pensamientos (o nos vio a todos la cara de enojados) y comenzó
el desfile[25] de bebés. Yo no sé a los demás, pero a mí se me hacía
que todos eran monísimos[26]. Buena tarea se iba a dar el jurado...
fue cuando comprendí que no lo habían presentado. Traté de
50      buscarlo con la mirada pero no se podía ver quién formaba tan
grande entidad. Hasta que por fin pude divisar a aquellas tres
mujeres vestidas de fiesta y con apariencia de quién tú eres[27]
que no sé, pero me hicieron sentir incómoda. Sin embargo, traté
de que mis inquietudes no me arruinaran la tarde y seguí
preguntándome a quién escogerían. Le pregunté a un señora
qué era lo que buscaban de los niños, a lo que ella me contestó
un "I really don't have any idea". Lo único que podía hacer era
esperar por el ganador para saberlo. No me extrañó que ganara
un bebé rosadito de tan blanquito que era, cargado[28] por su
60      también rosadita madre. En la próxima categoría, la de las
monadas[29] de un año, tampoco me extrañó ver que ganaba otra
niña rosadita, esta vez bien rubita y de ojos verdes. Y tampoco,
que cargaba con el trofeo la tercera monadita de dos años rubita,

---

[15] se dilató: se extendió, duró

[16] terminé por: *I ended up*

[17] galletas: *crackers*

[18] marinerita: *sailor dress*

[19] estropear: arruinar

[20] boricua: de Puerto Rico

[21] semillero de hormigas: *ant hill*

[22] colarse: meterse

[23] gorro: un tipo de sombrero

[24] zapatillas de lona: *canvas sneakers*

[25] desfile: *parade*

[26] monísimos: muy bonitos

[27] quién tú eres: *look of superiority*

[28] cargado: *carried*

[29] monadas: *cuties*

de ojos azules. Fue cuando en la categoría de los tres años volvió a ganar otra monada rubia y de ojos grises que me asusté. Me pareció que estaba en las competencias equivocadas, y que lo único que buscaban eran niñas rubias y de ojos verdes, azules o grises, qué más da, pero rubias. Le pregunté a una señora negra si ella no notaba algo raro, y me dijo que no. Entonces me sentí

70 más incómoda. Al principio, el incomodo era por lo de las niñas rubitas, pero luego me molestó ver que aquello parecía un matadero[30] de niñas donde se sacrificaba a veinte para endiosar a una[31]. Aterrorizada, corrí a la mesa de registro.

"Can I have a refund, please?"

"Excuse me?"

"My daughters can't participate in the contest, can I have a refund?"

"I'm sorry, but I can't give you a refund."

Me tuve que sentar alejada del montón de gente para no

80 llorar de coraje, para que ningún conocido (si lo había) me reconociera. Hasta que le llegó el turno a la pequeña mía. Cuando desfiló me sentí orgullosa de ella. No era rubia, pero de verdad se merecía el premio. Algunos la aplaudieron, otros ni se fijaron. Pero entre los que la aplaudieron estaba yo. A la hora de dar el premio, me paré a su lado y le susurré[32], "sabes mi amor, puede que no ganes el premio".

"No, mami, yo quiero un trofeo."

"Sí mi vida, pero es que no me toca a mí[33] decidirlo." Hasta ahora no me había puesto a pensar en la posibilidad de que las

90 niñas no ganaran. Y como no había pensado en eso, tampoco las había preparado para eso. Y como era normal, ganó la monada rubia de ojos amarillos. Me costó trabajo sacar a la niña de aquella plataforma. Cuando por fin lo hice, le tocaba el turno a la mayor en la categoría de seis años. Mi nena se lució[34]. Desfiló con ese donaire con el que tuvieron que haber desfilado las reinas indias de mi país. Se tomó su tiempo para saludar de una forma muy peculiar (se me antojó[35] que muy hispana) al jurado. Y me reí por dentro. Me reí porque el jurado se estaba perdiendo la oportunidad de cargar con dos monadas puertorriqueñas. A

---

[30] matadero: *slaughter house*
[31] endiosar a una: *make one a goddess*
[32] susurrar: *to whisper*

[33] no me toca a mí: *it isn't up to me*
[34] se lució: *she excelled*
[35] se me antojó: *it occurred to me*

100  mi alrededor había una muchedumbre[36] de niñas llorando y gritando "yo quiero un trofeo mami" y un sinnúmero de madres con caras tristes. Y para calmar la gritería de mi niña menor, fui a una farmacia y le compré un trofeo de juguete (juraría[37] que eran de los mismos del concurso). En mi mente estaba tratando de ver lo que le diría a mi esposo cuando echara de menos[38] los cientos de dólares y viera la pila de facturas[39] sin pagar. Por eso me tomó de sorpresa la gritería de mi niña mayor. Esta vez, lo pícaro[40] de su porte[41] no pudo pasar tan desapercibido y se ganó una mención de "revelación del concurso". Le dieron una

110  papelería que al leerla me produjo más risa al comprender que se había ganado la mitad de una beca para competir en otro concurso. Me puse a reír como una loca ante el asombro de mis niñas. Y con la paciencia que tiene el que no le importa nada, fui a la mesa del jurado con un ramillete[42] de papeles rotos.

## Lectura literaria

1. ¿Cuántos problemas de la vida actual están implicados en "Del montón"?

2. Identifique a todos los personajes de este cuento. ¿Quiénes son los/las protagonistas? ¿Quién narra el cuento?

3. La apariencia física es una preocupación actual tanto para los hombres como para las mujeres. ¿Tienen todos los personajes del cuento la misma actitud en cuanto a la apariencia? Explique qué representa la apariencia física para cada uno de ellos. Cite del texto.

4. ¿Por qué cree Ud. que la autora contrasta la actitud de las dos hermanas ante la apariencia física?

5. ¿Observa alguna transformación en las ideas de la madre? Explique cómo cambia la perspectiva de la madre sobre el concurso.

---

[36] muchedumbre: *crowd*
[37] jurar: *to swear*
[38] echar de menos: *to miss*
[39] facturas: *bills*

[40] lo pícaro: *the clever thing about her*
[41] porte: *demeanor*
[42] ramillete: *bunch*

6. ¿En qué circunstancias usa la autora el humor y la ironía para expresar su crítica y exasperación ante la sociedad? Saque ejemplos del texto.

7. En su opinión, ¿cuál es el fin de presentar las diferentes etapas del concurso de belleza infantil?

8. Extraiga del cuento todos los diminutivos y especule sobre la función de éstos en el texto.

9. ¿Cómo está implicado el tema del racismo en el cuento? Dé ejemplos.

10. ¿Qué hay de trágico en este cuento? ¿Observa Ud. algún tipo de violencia contra las participantes? Explique su respuesta.

11. ¿Cómo interpreta Ud. la reacción de la madre cuando la mayor de sus hijas recibe una mención en el concurso?

12. ¿Que le sugiere a Ud. la expresión idiomática *del montón* después de haber leído el cuento? ¿Hay alguna ironía o contradicción?

## Más allá de la ficción

Actividades de redacción

1. ¿Le gusta competir en concursos, juegos y/o partidos? ¿Qué es lo que le motiva a competir?

2. Imagine que usted tiene una amiga que quiere competir en un concurso de belleza. Su amiga le pide su opinón. Exprésele por escrito los pros y/o los contras que usted considera en cuanto a su participación.

3. Investigue y haga una lista de las condiciones, reglamentos y premios de concursos como Miss USA, Miss Universe, Miss Teen USA, Miss NC, etcétera.

Temas para el debate

1. a. La popularidad de los concursos de belleza es justificable.

   b. La popularidad de los concursos de belleza no es justificable.

2. a. Lo importante es participar en un juego, concurso y/o partido.

   b. Lo importante es ganar en un juego, concurso y/o partido.

3. a. Las competiciones infantiles crean hostilidad y antagonismo entre los niños.

   b. Las competiciones infantiles les dan a los niños una idea realista de cómo funciona la sociedad.

Temas para conversar en grupos y discutir

1. Ustedes son los creadores de un concurso. Expliquen qué tipo de concurso es. Establezcan las normas del concurso, las calificaciones de los/las concursantes y establezcan el premio que recibirán los ganadores.

2. ¿Quién es el público de los concursos de belleza? ¿Mujeres? ¿Hombres? ¿Familias? ¿Amigos? ¿Adultos? ¿Jóvenes?

3. Discutan el *deseo de mirar* que este tipo de concursos motiva.

4. Discutan si los anuncios comerciales tienen efectos positivos y/o negativos en la sociedad. Den ejemplos concretos.

5. ¿Creen Uds. que depender de una imagen de modelo es algo positivo o negativo en la formación de la personalidad?

6. ¿Cómo se desarrolla y establece el concepto de la belleza en una sociedad? Piensen en mujeres bellas de diferentes épocas. ¿Funciona el concepto de belleza de una manera estable? ¿Cómo cambia?

# 4
# La señorita Florencia
### de Dorelia Barahona

## Conozcamos a la autora

### BIOGRAFÍA

Dorelia Barahona nació en 1959 en Madrid, España, de padre costarricense —filósofo— y madre mallorquina —historiadora—. Escribió sus primeros poemas a los nueve años, que fueron recopilados en un librito titulado *Poesías infantiles* (1971). Por ese entonces también empezó a dibujar y a pintar. Estudió Filosofía y Bellas Artes en la Universidad de Costa Rica. Ha trabajado como ensayista, articulista y guionista de periódicos, revistas y televisión nacional. También ha presentado sus pinturas en exposiciones individuales. Actualmente, es coordinadora de un taller de narrativa, *El círculo de escritores.*

# ENTREVISTA CON LA AUTORA

*¿Cómo empezó a escribir?*

Más o menos fue a los nueve años que empecé a escribir. Empecé a escribir poesía, luego cuento y finalmente novela. Para mí la escritura era una forma de comunicarme con el mundo, con los demás. Era tímida y temerosa de las diferencias.

*¿Qué escritores han influido en su obra?*

Mis autores son: el mexicano Ibargüengoitía, Patricia Highsmith, Italo Calvino, Lezama Lima entre otros. La unión o el sincretismo entre la novela negra, el barroco y la narración psicológica e íntima, me parece una maravilla. Creo en la emoción y la razón, unidas como un solo efecto a la hora de crear.

*¿Por qué elige personajes que resaltan por un aspecto extremo de su personalidad?*

Los personajes extremos me parecen más ricos. La vida, por estos lugares, no es tan alejada de esos personajes exagerados. Ahora estoy trabajando personajes más contenidos en sus manifestaciones sociales, pero con un mundo interno más abigarrado.

*¿Respeta la sociedad costarricense la identidad sexual de los individuos?*

La sociedad costarricense es una sociedad estructurada todavía de manera local. De respetar la identidad sexual de las personas será sólo superficialmente. En el fondo todos consideran que lo bueno es ser católico, blanco, heterosexual, cabeza de familia y si se puede, miembro de uno de los dos partidos mayoritarios del país.

*¿Qué problemas de Costa Rica le preocupan?*

Los problemas que me preocupan de Costa Rica se pueden sintetizar en el grado de mediocridad del sistema educativo que produce seres humanos muy cortos en sus proyecciones existenciales. Los costarricenses son muy temerosos de opinar y lograr un lugar en la vida.

By Kimberly Varnadoe

## Ejercicios de prelectura

A. Descripción detallada de la ilustración

B. Asuntos para discutir más allá de la ilustración

1. Enumere personajes excéntricos o extravagantes que usted conozca personalmente o a través de los medios de comunicación.

2. Describa en qué consiste la excentricidad de esos personajes.

3. ¿Qué actitudes toma la sociedad ante los excéntricos?

4. Piense en Michael Jackson y/o Elvis Presley ¿Hay alguna relación entre los excéntricos y los mitos de la cultura pop? Dé otros ejemplos.

5. ¿Cómo afecta la muerte la imagen de los mitos populares? Ejemplifique.

C. Relaciones personales

1. ¿Ha visto Ud. películas o leído libros en los que exista confusión de identidades de sexo? ¿Cuáles? ¿Eran comedias, tragedias, de aventuras? ¿Cómo reaccionó Ud. al descubrir la verdadera identidad de los personajes?

2. ¿Conoce Ud. a alguien con una vida secreta? Explique sin dar nombres.

3. ¿Cree Ud. en la predicción del futuro? ¿Ha consultado Ud. a un/a futurólogo/a alguna vez? ¿Por qué?

D. Palabras y estructuras claves

1. Marque la palabra que más se acerque al significado de la(s) palabra(s) en negrilla.

a. Por lo tanto, desde el director del hospital hasta los asistentes, tuvieron que conformarse con verla hacer **lo que le diera la gana.**

lo que le gustara

lo que dijeran los otros

lo que le molestara

b. Todas se desvivían por ella, llevándole tecitos a las horas prohibidas, **jugándose** el empleo al meterse entre las faldas latas de melocotones o paquetes de cigarrillos mentolados.

   tocándose          practicando          a riesgo de perder

c. **Pese a las órdenes de** los médicos, se escapaba para ir hasta aquella habitación prohibida.

   sin obedecer a

   por mandato de

   con el reglamento

d. [El director] le dijo que si no **se daba cuenta** que podía contagiar de pestes a los demás enfermos.

   contaba          realizaba          comprendía

e. Desde ese día todos, incluyendo a los porteros, le **quitaron el saludo** al director.

   dejaron de saludar

   tomaron la salud

   robaron la palabra

f. Tan sólo **estuvo interna** tres meses, pero su recuerdo aún vive en la mayoría de los costarricenses y en especial en la gente que vivió durante todo ese tiempo en el hospital.

   permaneció          fue          entró

g. ... pero jamás **llegaron a** ganar a no ser dejándose llevar por el ritmo natural de la partida.

   consiguieron          vinieron          fueron

h. Todos hubieran querido estar allí, todos menos los dos sacerdotes que trabajaban en la capilla y que **se habían dado a la tarea de** resaltar lo impía y demoníaca que resultaba su presencia.

   habían estudiado cómo

   habían completado

   se habían dedicado a

2. Describa qué sentimientos o ideas le evocan las siguientes palabras.

   a. psíquica

   b. esfera de cristal

   c. el SIDA

   d. la morgue

   e. milagro

3. Escriba cinco oraciones, usando las palabras de la lista anterior.

## Guía de lectura

Busque las respuestas a las siguientes preguntas mientras lee el cuento.

1. ¿Cuál es la enfermedad que afecta a la señorita Florencia?

2. ¿Qué actitud mantiene la señorita Florencia en el hospital?

3. ¿Cómo se vestía y se arreglaba la señorita Florencia?

4. ¿Cuál era su profesión? ¿Qué otros trabajos hizo?

5. ¿Cómo confortaba la señorita Florencia a los otros enfermos?

6. ¿Para qué iba a la morgue?

7. ¿Por qué alcanzó tanta popularidad la señorita Florencia en el hospital?

8. ¿Cuáles eran sus pasatiempos?

9. ¿Por qué no cobró los premios de lotería la señorita Florencia?

10. ¿Cómo murió la señorita Florencia?

11. ¿Por qué los sacerdotes no asistieron al velorio?

12. ¿Qué milagro sucedió cuando desnudaron el cadáver de la señorita Florencia?

# La señorita Florencia

La señorita Florencia, personalidad y figura pública del país durante los últimos diez años, entró muy digna a morirse en el Hospital Testigos del Reino de Dios. Bella y alta, con su gran cabellera rubia, exigió[1] total privacidad y respeto a sus creencias.

La gran pitonisa[2], como le llamaban, no quiso someterse a ningún examen, operación o droga que le prolongara la vida unos días más. Ella sabía que quería morirse un lunes, sin ser tocada por médicos y, mucho menos, desnuda. ¿Qué podrían
10 hacerle esos hombrecillos vestidos de blanco, si todos, a lo largo de su carrera habían desfilado[3] por su consulta para que ella, la gran psíquica, les dirigiera su vida? No y no. Se negó rotundamente a ser desvestida, rasurada[4] y rajada[5] por los bisturís[6]. "A mí que me lleve Dios completita al cielo". Por lo tanto, desde el director del hospital hasta los asistentes, tuvieron que conformarse con verla hacer lo que le diera la gana. Total, se iba a morir cualquier día; seguro que el cáncer de garganta le llegaba ya a los senos[7] (cosa que tampoco quiso que le vieran, porque juraba ante Dios que nadie se los había visto y pensaba
20 seguir igual hasta la sublime elevación final). Así que daba lo mismo el hecho de que tomara por toda medicina sus frasquitos[8] azules, bebedizos[9] hechos con plantas maceradas[10] de Brasil y Colombia. La señorita Florencia se convirtió de un día para otro en la guía espiritual, primero de su sala y luego de todo el hospital. ¡Era tan reconfortante tenerla allí en el momento justo! Para aliviar el dolor, para olvidar las penas. Sonriente, tenía tiempo para todos.

Caminaba despacio, ataviada[11] con sus vestidos de futuróloga por debajo de la bata amarilla, que, eso sí, el director le había
30 exigido que se pusiera.

---

[1] exigir: demandar
[2] pitonisa: mujer con poder para conocer el futuro
[3] desfilar: *to march*
[4] rasurar: afeitar
[5] rajar: cortar
[6] bisturí: *scalpel*

[7] senos: *breasts*
[8] frasquitos: botellas pequeñas
[9] bebedizos: bebida medicinal hecha con hierbas
[10] maceradas: ablandadas
[11] ataviada: vestida

No había dejado de maquillarse[12] un solo día; sobre los párpados[13] las rayas negras le llegaban casi a la sien[14], eran su sello, como lo era también el abundante pelo amarillo, envidia de todas las enfermeras. Unas la comparaban con una santa, otras con Marilyn Monroe.

Todos se desvivían[15] por ella, llevándole tecitos a las horas prohibidas, jugándose el empleo al meterse entre las faldas latas de melocotones o paquetes de cigarrillos mentolados. Porque eso sí tenía la señorita Florencia: era una gran fumadora.

40    Por las noches abría la puerta de su habitación a todo aquel que quisiera jugar a las cartas: ron, póker, veintiuno, canasta, lo que fuera.

Había mandado traer de su casa la mesa de trabajo, colocándola junto a la ventana con el mazo[16] de cartas en el lugar que antes ocupaba la esfera de cristal sueco[17], regalo de un alemán cliente suyo, pago de un favor, como llamaba misteriosamente a sus trabajitos especiales contra el mal de ojo[18], fuera por amor o por envidia. Hasta la madrugada se escuchaban las carcajadas de los enfermos, médicos y
50    enfermeras enfiebrados en el juego. En esa habitación, la número treinta y tres, escogida cuidadosamente por la señorita Florencia, ya que tenía mucha fe en ese número, jamás la gente volvió a reírse tanto. De hecho ya no es habitación, la remodelaron para soda, colgando un retrato de la dama sobre el mostrador. Pero, incluso así, las risas no son las mismas.

Y es que la señorita Florencia fue todo un personaje. Había sido modelo de revista y luego maestra de escuela, antes de descubrir "su verdadera vocación". A quienes con más agrado contaba cómo había sido el descubrimiento de "su verdadera
60    vocación", era a los tres enfermos de SIDA. Pese a las órdenes de los médicos, se escapaba para ir hasta aquella habitación prohibida, una o dos veces por semana, a contarles historias y darles masajitos en la espalda. Realmente era una santa.

Fumando sentada sobre la cama, con los ojos entornados como en el más allá, contaba cómo, un verano en playas de

---

[12] maquillarse: *to put on make up*
[13] párpados: *eyelids*
[14] sien: *temple*
[15] desvivirse: tener mucho interés o amor por alguien o por algo

[16] mazo: *pack*
[17] sueco: de Suecia
[18] mal de ojo: *evil eye*

Tamarindo se le apareció la imagen de la Virgen de los Ángeles: "Era de noche y sobre la superficie del mar la vi vestida de blanco, con su pelo fino como la espuma[19]. Ella me comunicó el mensaje. Después me desmayé[20] y me encontraron al día siguiente tirada en la playa. Desde aquel día fui otra". Al final del testimonio todos los enfermos suspiraban y se convertían.

70

Las noches que no jugaba al póker tenía la costumbre de bajar hasta el sótano[21], donde se encontraba la morgue. Esto lo descubrieron tiempo después, ya que había dejado señales de lápiz de labios en la boca de más de un muerto y, con aceites olorosos, trazado cruces en la frente de la mayoría. Quería ayudar a todos orientándolos en su camino hacia la casa del Señor. El director del hospital no se lo perdonó. Cerró las puertas de la morgue con llavín[22] de seguridad y puso un guardia a la entrada. Le dijo que si no se daba cuenta que podía contagiar de pestes a los demás enfermos, luego le gritó loca, necrófila[23] y desvirolada[24].

80

Desde ese día todos, incluyendo a los porteros, le quitaron el saludo al director. Gracias a esto, y a otros motivos que no vale la pena mencionar aquí, renunció[25] a los seis meses.

La señorita Florencia era tan buena, que hasta a la C.C.S.S.[26] le hacía sus trabajitos: los sábados les vaticinaba[27] el número de emergencias que iban a tener durante la semana e incluso llegó a vaticinar el "triple choque de Mayo", como le llamaron los periódicos, con el número exacto de víctimas. Desde ese día, todo el personal de emergencias esperaba con ansias[28] sus predicciones, antes de preparar las salas y repartirse los turnos de trabajo. Lástima que durara tan poco. Tan sólo estuvo interna tres meses, pero su recuerdo aún vive en la mayoría de los costarricenses y en especial en la gente que vivió durante todo ese tiempo en el hospital, y más aún en aquellas niñas que nacieron durante esos meses. Todas, sin excepción, se llaman Florencia.

90

Una de las cosas que más nos maravilló, aparte de su gran capacidad como psíquica y de su amor por los demás, era su

100

---

[19] espuma: *foam*
[20] desmayarse: *to faint*
[21] sótano: *basement*
[22] llavín: llave
[23] necrófila: persona a la que le gustan los muertos

[24] desvirolado/a: loco/a
[25] renunciar: *to resign*
[26] C.C.S.S.: Caja Costarricense del Seguro Social
[27] vaticinar: predecir
[28] con ansias: *anxiously*

increíble suerte. Si no ganaba en el póker era porque dejaba ganar, lo mismo que en los otros juegos. Y cómo iba a ser de otra manera, si todo lo adivinaba[29]. Los primeros en descubrir su truco fueron los médicos de ginecología, que eran los más perspicaces[30], al contrario de lo que se creía. Empezaron a observar que los ojos se le achinaban[31] y se le formaba una sonrisa quieta; a partir de ese momento, la suerte cambiaba y era ella la única que perdía. Fueron muchos los que apostaron[32] fuerte en el momento en que supuestamente se "achinaba", pero
110 jamás llegaron a ganar a no ser dejándose llevar por el ritmo natural de la partida. Era imposible competir con ella.

Otro de sus pasatiempos era comprar lotería, pedacitos[33] sueltos[34] que nadie cambió. El día de su muerte tenía en la cartera sesenta y cinco premios de diez mil colones[35] (tres de los cuales ya habían expirado) y el premio mayor de la lotería instantánea en la mano, cien mil pesos que fueron donados al Hospital de Niños, según las indicaciones que había dejado en el reverso del billete.

Nadie entendió cómo no se quejaba[36], ya que los médicos
120 decían que ésa era una de las agonías más dolorosas; ni siquiera tomaba calmantes[37], sólo sus frasquitos azules. Tampoco bajó de peso y mucho menos se demacró[38]. Murió como había querido: digna e intacta. Incluso el último día se bañó sola, vistiéndose y peinándose como siempre, aumentando el volumen del pelo en la parte superior de la cabeza con crepé, práctica en la que empleaba veinte minutos con los brazos levantados. Sólo Dios sabe de dónde sacó fuerzas[39].

Florencia Carrillo López falleció[40] un lunes a las diez de la mañana, rodeada de aquellos que tuvieron la suerte de
130 entrar en la habitación. Todos hubieran querido estar allí, todos menos los dos sacerdotes que trabajaban en la capilla y que se habían dado a la tarea de resaltar lo impía y demoníaca que resultaba su presencia. Era un anticristo en forma de mujer que quebrantaba[41] la moral de pacientes y empleados, fomentando

---

[29] adivinar: vaticinar, predecir
[30] perspicaces: *perceptive*
[31] achinar: entrecerrar los ojos
[32] apostar: *to bet*
[33] pedacitos: porciones pequeñas
[34] sueltos: *leftover*
[35] colón: moneda de Costa Rica

[36] quejarse: *to complain*
[37] calmantes: droga para aliviar el dolor
[38] demacrarse: enflagnecer
[39] sacar fuerzas: animarse
[40] fallecer: morir
[41] quebrantar: romper

un culto pagano que favorecía los encuentros ilícitos entre hombre y mujer, fueran gonorreicos, mancos[42] o estériles.

Vestida con su túnica morada, expiró dulcemente, teniendo el rosario de los monjes israelitas en su mano derecha y el billete de lotería en la izquierda. No hubo quien no se emocionara ante
140 semejante fin de ópera. Las mujeres cantaban y lloraban; los hombres, frenéticos, aplaudían mientras susurraban[43] oraciones. La fila se formó espontáneamente, todos querían darle un beso en la mano, tocarla por última vez, untarse[44] de su santidad en la frente y las manos. Hasta el director hizo fila. Implorando su perdón, se arrodilló[45] a sus pies.

Las enfermeras compraron lazos[46] negros y el hospital se llenó de coronas florales. Una banda fúnebre tocaba por los pasillos en el momento en que el comité encargado de prepararla para su último viaje entraba en la habitación. Llevaba
150 un hermoso vestido blanco, como corresponde a una señorita, y un velo de tul[47] celeste[48], como tendría de seguro la Virgen de los Ángeles.

Entraron en silencio, para no molestarla. Una mujer como la señorita Florencia nunca muere, con sus poderes de santa oye y bendice. "¡Vida eterna para la Niña Florencia"!, dijo al entrar la más vieja, y las demás contestaron "así sea[49]" y "así sea" respondieron todos en el pasillo.

El milagro[50] sucedió cuando le quitaron la sábana y un rayo de luz extraordinariamente luminoso le dio en la cara. Todas se
160 santiguaron, pensando que serían las únicas que la verían desnuda. Era tan bella, tan grande, que no pudieron evitar quedarse unos minutos contemplándola antes de quitarle el vestido, lleno de estampitas[51] de la Virgen del Socorro y del Corazón de Jesús, sujetas con gacillas[52] y alfileres[53].

Las primeras en ver el milagro fueron las dos enfermeras que estaban en la parte inferior de la cama subiéndole la falda.

---

[42] manco: persona sin brazo o mano
[43] susurrar: hablar con voz muy baja
[44] untarse: aplicarse, ponerse
[45] arrollidarse: ponerse de rodillas
[46] lazos: *ribbons*
[47] tul: *tulle*
[48] celeste: azul claro

[49] así sea: Amén
[50] milagro: *miracle*
[51] estampitas: pequeños retratos de santos
[52] gacillas: *ribbons*
[53] alfileres: *pins*

Atónitas[54], contemplaron unas piernas robustas, unas caderas estrechas coronadas por un impresionante montículo[55].

170 Después imitaron el gesto las enfermeras que, en la cabecera de la cama, le sujetaban los brazos para que le pasara el vestido, al contemplar debajo de un sujetador[56] con relleno[57], un torso ancho y plano, liso como el de un muchacho.

"¡Dios bendiga a la señorita Florencia, se ha convertido en Jesús!", gritó la enfermera más joven. Las demás se miraron incrédulas durante un segundo y rápidamente le pusieron la mortaja[58].

## Lectura literaria

1. ¿Quién narra la historia de "La señorita Florencia"? ¿Existe un personaje concreto con el que usted pueda identificar al narrador? Justifique su opinión con alguna cita del texto.

2. ¿Es un narrador omnisciente? Explique con ejemplos.

3. ¿Cómo adquiere la señorita Florencia una categoría mítica?

4. ¿Desde cuántas perspectivas se presenta a la señorita Florencia? ¿Todos los personajes sienten lo mismo por ella?

5. Cómo lector/a ¿con qué perspectiva se identifica? ¿Por qué?

6. ¿Cómo va conociendo el lector a la señorita Florencia?

7. Explique cómo se desarrolla la ironía en el cuento.

8. ¿Afecta la ironía solamente a los personajes del cuento o implica también al lector?

9. ¿Qué efecto produce el final del cuento?

10. ¿Encuentra alguna relación entre el final del cuento y el recato de la señorita Florencia ante la ciencia?

---

[54] atónitas: *speechless*
[55] montículo: protuberancia
[56] sujetador: *bra*

[57] relleno: *stuffed*
[58] mortaja: *shroud*

11. ¿Conoce usted otros cuentos, novelas o películas donde exista una confusión de identidades?

## Más allá de la ficción

A. Actividades de redacción

1. Imagine que Ud. es psíquico/a y escriba cinco predicciones para el mundo o para un pariente o amigo.

2. Haga una lista de las cualidades y defectos de la señorita Florencia.

3. Imagínese que Ud. es el director del "Hospital Testigos del Reino de Dios" y escriba las reglas, normas y prohibiciones de su institución.

4. Invente/Explique la juventud de Florencia antes de que se convirtiera en "mujer".

B. Temas para el debate

1. a. Es posible que personas con ciertos dones predigan el futuro.

   b. No hay personas que puedan predecir el futuro.

2. a. La legalización del juego (lotería, casinos, etc.) es una forma válida y positiva de recaudar impuestos.

   b. La legalización del juego trae consigo problemas morales, éticos y de vicios a la sociedad.

3. a. No importa la identidad y los antecedentes de la persona que ayuda voluntariamente al prójimo (*fellow being*).

   b. Es importante conocer la identidad y los antecedentes de la persona que ayuda voluntariamente al prójimo.

C. Temas para conversar en grupos y discutir

1. Por turnos, asuma cada uno/a de Uds. la identidad de una persona famosa. Los demás, háganle preguntas para descubrir quién es.

2. Especulen sobre cómo reaccionarían si descubrieran por sorpresa la verdadera identidad de una persona a la que creían conocer bien.

3. Hablen sobre los juegos de mesa/salón a los que les gusta jugar cuando están con sus amigos.

# 5
# Las piernas del blue jeans
de Laura Antillano

## Conozcamos a la autora

## BIOGRAFÍA

Laura Antillano nació en Caracas, Venezuela en 1950. En 1968 publica su primer libro de cuentos, *La bella época*. En 1971 obtiene el título de Licenciada en Letras Hispánicas en la Universidad del Zulia. En 1977 gana el Premio de Cuento otorgado por el diario El Nacional con "La luna no es de pan de horno" siendo la primera mujer en recibir dicho galardón. En 1981 cursa la Maestría en Literatura Latinoamericana en la Universidad de Oregón en Eugene. Antillano ha publicado libros de cuentos, novelas, ensayos y literatura dirigida especialmente a los niños. Entre sus títulos pueden citarse *Cuentos de película, Dime si dentro de ti no oyes tu corazón, Solitaria solidaria,* y *Diana en tierra Wayúu.* Ha incursionado también en la escritura de guiones de cine y televisión. Actualmente, es directora del suplemento cultural *Notitarde de Valencia* y continúa con su actividad docente.

*¿Qué efecto ha tenido la cultura estadounidense en Venezuela?*

Forma parte de la vida cotidiana, desde la cultura de masas, enlatados televisivos, ropa, música popular, conductas establecidas por elementos como el cine y la moda en general, hasta la cultura intelectual, la literatura culta, y el arte en todas sus expresiones. Creo que en general este final de siglo nos hace a todos poseedores de una cultura híbrida y difícilmente podríamos decir la influencia llega hasta este margen o hasta este otro, se trata de un súmmum en proceso de movimiento constante.

*¿Cuándo comenzó a escribir y por qué?*

Desde muy niña, cuando empecé a escribir en la escolaridad. Mi padre es periodista y un estupendo lector. La relación con la letra escrita es un elemento importante de comunicación expresa en mi círculo inmediato. Escribía a los ocho años unos cuentecitos que cosía y conservaba y mi madre se ocupaba de guardarlos. Iban ilustrados. Más tarde el asunto *tomó* cuerpo, a los quince años publiqué mis primeros cuentos en un diario local. Mi primer libro fue editado cuando cumplí dieciocho años en la editorial Monteávila.

*El papel de la mujer ha cambiado profundamente en las últimas décadas. ¿Cuál ha sido el efecto de este cambio en la mujer venezolana?*

Ésta es una pregunta sobre el orden social. Pienso que en esta situación no podemos olvidar un asunto de orden económico, el cambio evidente sólo se produce en las capas de población que generalizamos como clase media y de allí hacia arriba. Pero la gran masa de población del país tiene grandes dificultades de ascenso a estos cambios. Sin embargo, la discusión ha producido procesos en el normativo constituyente que no podemos dejar de considerar como fundamentales para producir conductas nuevas, uno elemental, se refiere al de la reforma de la ley que hoy concede la Patria Potestad sobre los hijos a ambos, padre y madre. Hasta principios de los ochenta el único que podía tomar decisiones sobre los hijos era el padre. Y con ello estoy refiriendo sólo un ejemplo que considero importante. Mis alumnas universitarias de las dos últimas generaciones tienen indudablemente una conducta mucho más libre y de mayor conciencia de sí mismas que la que

By Kimberly Varnadoe

pudieron tener las de mi generación y la de mi madre o la de mi abuela.

*Relacionado con la pregunta anterior, ¿qué cambios ha habido en la estructura de la familia?*

Más que producirse cambios, creo que hemos tomado una actitud de conciencia alrededor de los modos como asumimos la familia. Eso tiene que ver sobretodo con los roles que cada quien asume en las funciones de los miembros de la familia. Quizá la imagen del patriarca, con máximos poderes, sea un estereotipo desaparecido en algunas capas sociales.

*¿Quiénes han sido los escritores que han influido en su obra?*

Eso generalmente lo determinan los críticos mejor que uno. Leí a Katherine Mansfield desde mi adolescencia. Sus cuentos me parecían estampas delicadas y cercanas, igual Virginia Woolf, especialmente una novela titulada *Los años*. Juan Rulfo fue un descubrimiento importante. Juan José Arreola me interesó por su sentido de la ironía, Dostoievsky por *Crimen y castigo*. Hay varios poetas venezolanos que siempre leo y leeré: Vicente Gerbasi, Ramón Palomares, Ida Bramcko, Teófilo Tortolero y Luis Alberto Crespo.

## Ejercicios de prelectura

A. Descripción detallada de la ilustración

B. Asuntos para discutir más allá de la ilustración

   1. ¿Qué importancia tiene la familia en la sociedad?

   2. Compare su familia con la familia de un amigo/a.

   3. Compare una familia de Estados Unidos con una familia de un país extranjero.

   4. ¿Qué opina Ud. del matrimonio?

C. Relaciones personales

   1. ¿Cómo son sus relaciones con su mamá o su papá?

   2. ¿Puede hablar abiertamente del tema de las relaciones sexuales con sus padres?

3. ¿Usted tiene o ha tenido un "rincón" especial?

4. ¿Qué diferencia nota entre las mujeres de distintas generaciones?

5. ¿Tiene Ud. carteles en su dormitorio? ¿Por qué los eligió?

6. ¿Qué ritos sociales y/o religiosos marcan la vida de una persona en su comunidad? ¿Con qué momento de la vida relaciona estos ritos? Describa las emociones que Ud. relaciona con esos momentos.

D. Palabras y estructuras claves

1. Sinónimos. Por cada una de las palabras de la columna izquierda, encuentre su sinónimo en la columna derecha.

   a. cuerdas        1. cajón
   b. arrugada       2. mojar
   c. traviesa       3. residuo
   d. láminas        4. pelo de animal
   e. regar          5. hilos
   f. desperdicio    6. con pliegues
   g. pelambre       7. hojas
   h. gaveta         8. pícara

2. Palabras relacionadas. Por cada uno de los verbos de la lista, dé un sustantivo derivado.

   MODELO: saber       sabiduría

   a. desperdiciar
   b. tratar
   c. amasar
   d. cocinar
   e. engañar
   f. bendecir
   g. vestir

3. Lea las siguientes expresiones emocionales y asócielas con momentos cruciales en la vida de una persona.

como si fuera a morirme

como si fuera a quedarme sorda

me mira triste

me aterroriza

me molesta

me voy a quedar ciega, sorda y ciega

¿Con qué momentos cruciales de la vida de una persona no los asocia? ¿Por qué no?

## Guía de lectura

Busque las respuestas a las siguientes preguntas mientras lee el cuento.

1. ¿Qué hace la abuela? ¿Por qué?

2. ¿Por qué dice la protagonista en relación al vestido de bodas, "Qué desperdicio"?

3. ¿Quién le pide a la protagonista la foto de Baryshnikov? ¿Por qué?

4. ¿Por qué le da su mamá un pañuelito?

5. La mamá dice: "en unos años más y ya este corte princesa no enseñará ninguna cintura de avispa". ¿Por qué?

6. La abuela llama desde su cuarto diciendo: "¡Mamá, mamá, ven a arroparme!" Explique.

7. ¿Cómo reacciona la familia a la artereosclerosis de la abuela?

8. "A veces siento que Roberto y yo miramos el mundo como desde un balcón", dice la protagonista. Explique.

9. ¿Qué hace la abuela en el jardín?

10. ¿A qué se refiere la "fulana conversación"?

11. ¿Qué pusieron en el patio?

12. ¿Qué implica la última frase del cuento: "¿Por qué mamá habla como si fuera a morirme ..." ?

# Las piernas del blue jeans

Ahí las cuerdas[1] con la ropa recién lavada, ahí: mis blue-jeans esperando los rayos solares, aquí, en este patio con este adiós.

La abuela dijo: —Igualita que en su Primera Comunión—, "igualita ...", y nos asustamos; hacía tiempo que sólo levantaba la manguera[2] y nos regaba a todos como si fuéramos flores, pero de golpe tiene lúcida mirada y sabe que yo soy Ana y mi hermana Beatriz, y que ella es la abuela ... Pero no: después que dijo—Igualita que en su Primera Comunión—, se volvió al patio, para regar a los vecinos con la manguera.

10     Mamá me trata como si fuera a morirme: —En unos años más y ya este corte princesa[3] no enseñará ninguna cintura de avispa[4]—, y me mira triste ... Entonces me vengo al patio y ahí están mis blue-jeans en las cuerdas, como si no se dieran cuenta de nada, levantando las piernas a cada volar de viento, y azules como el mar azul, azul fuerte de tela dura para lavar.

El ruchadito[5] del vestido me molesta, mamá está feliz con el encaje[6], pero a mí me molesta, ¡qué desperdicio! vestido para una noche y de paso molesta.

La gata Natacha se me cuela[7] entre las piernas y arrastra su 20 pelambre frotándome[8] como si se diera cuenta de este —adiós; y la Beatriz también cree que voy a morirme porque ya me pidió mi casette de los Bee Gees —Porque como ya no lo vas a escuchar— ..., ¡como si yo fuera a quedarme sorda y no a casarme!, y quiere mi foto de Baryshnikov, ¡já! que te entrego la foto de Baryshnikov, y ella dice: —Bueno, pero tú tienes a tu Roberto ... Ahora no vas a mirar a nadie más—, y ¡me aterro[9]!: ahora cree que me voy a quedar ciega, sorda y ciega, ¡pero no le voy a dejar la foto de Baryshnikov!, me la llevo y en algún sitio la pongo, ella dice: —Roberto se va a ofender—, y yo me quedo 30 pensando, no sé, ese bailarín chiquitico[10] del Baryshnikov, con sus ojos penetrantes no tiene nada que ver con mi Roberto,

---

[1] cuerdas: *clotheslines*
[2] manguera: *hose*
[3] corte princesa: estilo princesa
[4] cintura de avispa: cintura pequeña
[5] ruchadito: tira plegada que adorna un vestido

[6] encaje: *lace*
[7] se me cuela: camina
[8] frotar: *to rub*
[9] aterrarse: tener miedo
[10] chiquitico: pequeño

entonces le digo a la Beatriz: —No, Roberto no se molesta porque, por mí, él puede llevarse su foto de Olivia Newton John y ponerla en algún lugar también—. Y ¿qué tienen que ver Baryshnikov y Olivia Newton John con todo esto, con este —adiós—? lo que pasa es que Beatriz no quiere decir lo que debería, pero no importa, mejor así.

40     Saco los papeles de la gaveta en nuestro cuarto y los reviso, con la mirada de ella filtrándoseme, con los días en esta habitación, con las ramas del cocotero[11] en la ventana, con las láminas de geografía pegadas en la pared, con su colección de estampillas[12], con mi oso de peluche[13] gastado[14] y sucio, y la miro ... miro a la Beatriz, y me da hambre y sed, y me salgo al patio para, otra vez, frente a las piernas de mis blue-jeans colgadas: ponerme a llorar.

Mamá dice que aguante la respiración mientras sube el cierre, me da un pañuelito[15] ... será para llorar, no sé—, me dice y se voltea[16], yo sé que no quiere mirarme a la cara. —Lo único que hay que llorar es lo que pica[17] este vestido, mamá ¡eso es lo
50     único!— y le bajo el cierre y me lo quito rápido.

La abuela llama desde su cuarto: —¡Mamá, mamá, ven a arroparme!—, y yo entro y la veo metida en la cama, está tan arrugadita que parece una flor marchita[18] de días, la arropo y le digo: —Bueno, duérmase tranquilita—, y ella: —Dame la bendición—, Dios te bendiga, mi amor—, la abuela está de metra[19] con la arterioesclerosis, pero ya nos acostumbramos todos: entre las regadas inesperadas con la manguera y ese andar por el jardín apuradita como si estuviera a punto de hacer una travesura[20] siempre. El otro día se metió en la cocina cuando ya
60     tenía la licuadora[21] a toda velocidad (ligando[22] melón y piña para la dieta del martes), cuando entró parecía una momia egipcia: seria, mecánica; yo sostenía la tapa de la licuadora y la miraba a ella esperando un parlamento histórico, lo peor fue que ocurrió, porque me dijo, muy solemne: —Nos engañaron[23] a todas, nos engañaron, y nos van a seguir engañando—, solté la

---

[11] cocotero: árbol que da el coco
[12] estampillas: sellos
[13] oso de peluche: *teddy bear*
[14] gastado: usado
[15] pañuelito: *handkerchief*
[16] voltear: dar la vuelta
[17] picar: *to itch*

[18] marchita: sin vida
[19] estar de metra: estar desvariando
[20] travesura: *prank*
[21] licuadora: máquina para mezclar alimentos líquidos
[22] ligando: mezclando
[23] engañar: *to betray*

tapa de la licuadora y los pedazos[24] de piña y melón volaron (no
sé cuando es que van a mandar a reparar estas cosas en la casa).
La seguí a la abuela y le dije: —Nos engañaron ¿qué? ¿en qué?—,
el *nos*, el fulano: *NOS*, donde me incluye y me pluraliza ¡me
70    enferma!, pero le vi los ojos y ya supe que la abuela acababa de
sintonizar otra emisora: iba directo al patio a buscar la manguera,
y tenía los ojos de muchachita traviesa en lugar de los de momia-
filosófica de antes.

      A veces siento que Roberto y yo miramos el mundo como
desde un balcón: el mundo es una masa[25], mazamorra[26] en
donde se inventan cosas duras, estables, para no sentir el mal
olor, lo que flota de fondo ..., mejor la silla de extensión con la
lona a rayas y el farol de la calle Comercio: allí se gestó[27] todo
entre Roberto y yo, ese es nuestro espacio, allí supe de sus
80    miedos y los míos, de la casa de putas y el terror retratado en
los ojos y en las maneras del: —Póngase la servilleta sobre las
piernas, no fume entre comidas, y no le agarre más la mano a la
novia frente a las visitas—, allí supe de todo lo que él no sabía y
allí le expliqué lo de la regla[28] y esa desazón, ese desvarío.

      Mi mamá anda misteriosísima con una fulana conversación[29]
que deberemos tener, dice, ya me lo sospecho, ¡pobrecita!, hay
tantas cosas que ella se va a morir sin saber y que ya yo sé,
¡pobrecita! vengo, y aquí en este patio, mirando mis blue-jeans
secándose estoy mejor que en ninguna parte. El viento eleva las
90    piernas y todo es azul.

      Ayer perdí el autobús dos veces: me subía, veía a Roberto
parado en la acera[30] y ya me bajaba por la puerta de atrás para
besarlo otra vez.

      Le pusieron al patio cadenetas de papel[31] de seda y la tía
prepara el "chantilly"; —a la novia no la puede ver el novio
antes de la ceremonia. Me encanta el peso del cuerpo de Roberto
sobre el mío, el roce de su piel, esa presión, es muy raro pero
uno no siente peso, siente piel, el encuentro, y todo es liviano,
húmedo, y flota, conozco cada fragmento de su cuerpo y parece
100   que aprendiera a quererlo precisamente a partir de entender

---

[24] pedazos: trozos
[25] masa: el pan se hace con "masa"
[26] mazamorra: alimento dulce hecho
    de grano de maíz
[27] gestarse: originar

[28] regla: menstruación
[29] fulana conversación: conversación
    cuyo tema se ignora
[30] acera: *sidewalk*
[31] cadeneta de papel: cadena

que esta cicatriz es de una caída en el columpio[32] a los siete años, y esta marca es de cuando se quemó con la plancha, y ese lunar es el que tiene su tío Raimundo en el mismo sitio.

Ya mamá tuvo la conversación que quería conmigo, me aterroricé, ¡no puedo creer que ella tenga una idea tan triste de la cuestión! pero no dije nada y traté hasta de poner mirada de asombro, no sé si se me notó algo, pero ella se fue con una cara de preocupación para la cocina.

110 La abuela quiere que le lleven una taza de leche caliente a la cama, mamá la prepara colocando la pequeña paila[33] sobre la hornilla[34], virtiendo la leche con riguroso cuidado, y parece que acariciara[35] la cuchara cuando la usa para dar vueltas al líquido.

Yo la miro desde aquí, sentada en el pretil[36], puedo divisar la cocina y a ella dentro en sus movimientos lentos, hasta que llena la taza, la coloca sobre el plato y se va al cuarto de la abuela, se acerca a la cama, se sienta, y con el plato sobre sus piernas acaricia los cabellos de la abuela que en este momento es niña y no abuela ni mamá. Entonces, yo regreso mis ojos para posarlos sobre este cielo abierto, inmenso, en donde las piernas de mis 120 blue-jeans siguen flotando en un viento de atardecer, y en medio de las nubes apretaditas[37] creo encontrar los ojos de Roberto, reviviendo esta complicidad nueva, este salto secreto, que nos hace mirar el mundo desde la baranda de un balcón.

¿Por qué mamá habla como si fuera a morirme ...?

## Lectura literaria

1. ¿Quién narra el cuento?

2. Los blue-jeans colgados en la cuerda son un elemento que se repite a través del cuento. Explique su significado.

3. Contraste el significado de los blue-jeans y el del vestido de bodas.

4. En el cuento hay indicios implícitos de las relaciones entre los personajes. Explique utilizando ejemplos textuales.

---

[32] columpio: *playground swing*
[33] paila: olla
[34] hornilla: *burner*

[35] acariciar: tocar suavemente
[36] pretil: baranda
[37] apretaditas: *close together*

5. Discuta la perspectiva que la mamá tiene con respecto al matrimonio.

6. En el cuento, las mujeres de la familia pertenecen a generaciones diferentes. Explique cómo se representan las diferencias generacionales.

7. ¿Cuál es el personaje que se conoce aunque no participa directamente de la acción?

8. Se puede afirmar que el comienzo del cuento anuncia su final. Explique dando ejemplos.

9. Señale y discuta algunos de los temas que se desprenden del texto.

10. Señale algunas frases que indican las diferencias entre generaciones.

11. En este cuento hay algunos asuntos que se expresan y hay otros que permanecen implícitos. Explique estos últimos.

## Más allá de la ficción

A. Actividades de redacción

1. En el cuento que acaba de leer se mencionan diferentes lugares de una casa. También se habla de ciertas actividades familiares, domésticas y/o íntimas que se realizan en estos lugares. Enumere lugares y actividades que Ud. relaciona con ellos.

| LUGARES DE LA CASA | ACTIVIDADES |
| --- | --- |
| El patio | Lavar la ropa, tenderla, ... (continúe) |
|  |  |
|  |  |
|  |  |
|  |  |
|  |  |

2. Haga una lista de todos los preparativos necesarios para una boda.

3. Agregue un párrafo al final del cuento que le dé un tono feliz a la historia.

4. ¿Qué cambios ha sufrido la familia en los últimos tiempos y por qué?

5. Compare su generación con la de sus padres y/o la generación de sus padres con la de sus abuelos.

6. En dos columnas enumere la armonía y los conflictos de una familia.

B. Temas para el debate

1. a. La familia constituida por padre, madre e hijos forma la base de la sociedad.

   b. Los niños no necesitan de ambos padres para un crecimiento y una madurez normal.

2. a. Ventajas de la familia nuclear

   b. Ventajas de la familia extendida

3. a. Los abuelos son una imposición que complica la familia.

   b. Los abuelos son parte vital de la familia y le proporcionan beneficio.

4. a. El cine tiene una influencia positiva en la sociedad.

   b. El cine tiene una influencia negativa en la sociedad.

C. Temas para conversar en grupos de tres o cuatro y discutir en clase

1. Hagan una lista de las ventajas y desventajas de casarse joven.

2. Reflexionen y enumeren las ventajas y desventajas de convivir con su pareja antes de casarse.

3. El objetivo primordial del matrimonio, según las instituciones de la sociedad, es tener hijos.

4. la influencia del cine en la sociedad

5. cambios en la sociedad en los últimos cuarenta años que han contribuido a nuevas definiciones del matrimonio

6. Expliquen cómo este cuento se ajusta o no se ajusta a la idea que Uds. tienen sobre la familia hispana.

# 6
# El Sentadito
## de David Martin del Campo

## Conozcamos al autor

### BIOGRAFÍA

David Martin del Campo nació
en ciudad de México en 1952.
Cursó periodismo y comunicación
en la Universidad Nacional
Autónoma de México y realizó
estudios en el Centro Universitario
de Estudios Cinematográficos. Ha
ejercido el periodismo en distintos
diarios y periódicos de circulación
nacional. En 1976 publicó su primera
novela, *Las rojas son las carreteras*.
Posteriormente en la misma
editorial, publicó *Islas de lobos* que le
mereció el premio INBA "José Rubén
Romero" en 1986. En 1990 obtuvo el
premio Internacional Diana de
Novela con *Alas de Ángel* y en 1995 el
premio de Literatura Infantil "Juan
de la Cabada" con su novela *El
hombre del Iztac*. Es autor también de
*Los mares de México: Crónicas de la
tercera frontera* publicado en 1988. Su
más reciente novela se titula *El año
del fuego*.

*¿Cómo se ubicaría Ud. dentro de la tradición cuentística de México?*

Soy fundamentalmente un novelista. Tengo publicadas unas doce obras de ese género. Por lo tanto mi trabajo como "cuentista" es más bien exploratorio. Un desafío que sentía pendiente.

*¿Quiénes han sido los escritores que han influido en su obra?*

Conscientemente unos pocos: Julio Cortázar, José Revueltas, Mario Vargas Llosa, John Updike, Philip Roth ... no sé. Inconscientemente, muchísimos más.

*¿Cómo se inicia Ud. en su tarea de escritor? ¿Por qué?*

A los veintún años, en la biblioteca de la UCLA en California, estaba trabajando en el manuscrito de mi primera novela: *Las rojas son las carreteras*. Cursaba la carrera de periodismo y comunicación en la UNAM (era el año 1974) y sentía la tentación de cumplir con aquella primera historia. Siempre me gustó fantasear.

*"El Sentadito" refleja mucha ternura, tanto de los personajes hacia el protagonista, como de éste para con ellos. ¿Qué experiencia ha tenido Ud. con discapacitados? ¿Cómo es la situación de los minusválidos en México?*

No he tenido mayores experiencias "con discapacitados". En todo caso recuerdo a un amigo de la infancia que era poliomielítico, y en ocasiones usaba una silla de ruedas (que nosotros usábamos para jugar). Los discapacitados en México son personas más o menos marginadas en el mundo laboral, pero es una situación que tiende a mejorar.

*¿Cómo trata la sociedad mexicana a las prostitutas?*

Las prostitutas cargan todos los estigmas del pecado y la culpa. Son "aceptadas" por su desempeño, su "función social", pero no son nombradas en el seno familiar.

By Kimberly Varnadoe

# Ejercicios de prelectura

A. Descripción detallada de la ilustración

B. Asuntos para discutir más allá de la ilustración

1. ¿Cuáles son los problemas que enfrenta una persona en una silla de ruedas?

2. *Forest Gump, Slingblade, Shine, My Left Foot,* son películas que tratan el conflicto de personas minusválidas. Mire alguna de ellas y haga una lista de los problemas que se le presentan al protagonista.

3. ¿De qué otras formas puede comunicarse una persona que tiene dificultad para hablar?

4. ¿Considera Ud. que esta sociedad se ocupa suficientemente de los problemas de los discapacitados? Dé ejemplos.

5. Se ha dicho que la prostitución es la profesión más antigua. ¿Considera Ud. que la sociedad debe tratar de controlarla o debe declararla ilegal y castigarla?

6. El tema de la prostitución se ha usado frecuentemente en el cine. Por ejemplo, *Taxi Driver, Whore, Mona Lisa, Pretty Woman, Leaving Las Vegas, Basketball Diaries, Klute, Breakfast at Tiffany's.* Mire alguna de estas películas y enumere algunos de los problemas creados por la prostitución.

C. Relaciones personales

1. ¿Conoce Ud. a alguna persona discapacitada? Explique cómo esa persona se desenvuelve en su vida cotidiana.

2. ¿Qué significa la amistad para Ud.?

3. ¿Ud. continuaría con una amistad luego de enterarse de ciertos secretos de su amigo/a que Ud. antes no sabía y que pudieran ir en contra de su propio sentido moral y ético?

4. ¿Cuáles son los valores con los que Ud. definiría la amistad?

D. Palabras y estructuras claves

1. Sinónimos. Por cada una de las palabras en la columna izquierda, encuentre su sinónimo en la columna derecha.

   a. apretado

   b. pleito

   c. tachar

   d. azotea

   e. menear

   f. parejos

   g. espantado

   h. apesta

   i. astillero

   j. a regañadientes

   1. ceñido

   2. iguales

   3. mover

   4. asustado

   5. sin ganas

   6. lugar donde se construyen barcos

   7. pelea

   8. plataforma en el tejado de una casa

   9. borrar

   10. huele mal

2. En el título del cuento se usa la palabra, "sentadito". ¿Qué efecto produce esto en el lector? Si el título fuera por ejemplo "en la silla", o "el sentado", ¿tendría un efecto diferente? Explique.

   a. Escriba los diminutivos de:

      cabeza, coco, mazorca, y lombriz

   b. ¿Qué cambios ortográficos observa?

3. Pronombres y concordancia gramatical.

   Cambie los pronombres y/o nombres en negrilla por los que aparecen entre paréntesis y haga todas las transformaciones necesarias para respetar la concordancia gramatical.

   MODELO:   *Antes, cuando no me daba cuenta de las cosas, la gente se reía de **mí** y yo no sabía por qué tanto me miraban. (nosotros)*

   *Antes cuando no nos dábamos cuenta de las cosas, la gente se reía de nosotros y no sabíamos por qué tanto nos miraban.*

   a. Trae **su** vestido verde apretado que le deja fuera las rodillas. (tú)

b. Antes **me** entristecía, me daba coraje y envidia que no jugaran conmigo, pero yo no podía. (Uds.)

c. Aunque no tengo amigos, **me** da mucho gusto que el Perico me diga cosas y me sobe la cabeza cuando pasa. (nosotros)

d. **La Tigra** es muy buena. Una vez me dijo que nomás juntara mucho dinero me iba a pagar una operación. (ellas: la Tigra y la Elota)

## Guía de lectura

Busque las respuestas a las siguientes preguntas mientras lee el cuento.

1. ¿Cuál es la actividad del Sentadito?

2. ¿Qué hace el Perico cuando va o viene de su puesto de naranjas?

3. ¿Cuál es el nombre verdadero del protagonista?

4. ¿Quién es Manuel?

5. ¿Por qué dice el Sentadito que Elota no lo quiere?

6. ¿Por qué algunos lo llaman *Mano fija*?

7. ¿Qué amenaza le hizo Manuel si el Sentadito se quedaba dormido otra vez?

8. ¿Qué ocurrió cuando doña Trinidad se olvidó del Sentadito dejándolo en el traspatio bajo la lluvia?

9. ¿Por qué le gusta tanto al Sentadito el hombre que pasa por las tardes cargando cubetas?

10. ¿Por qué dice el Sentadito que el Perico no lo entiende?

11. ¿Por qué no tiene amigos el Sentadito?

12. ¿Qué hace el Sentadito cuando mira el mar?

13. ¿Qué le regala la Tigra al Sentadito?

14. ¿Cómo se da cuenta el Sentadito del transcurso de las horas?

15. ¿Qué es lo que el Sentadito cree que las muchachas hacen con los hombres?

16. ¿Cuál es la verdadera actividad de las muchachas?

17. ¿Qué es lo que más quisiera el Sentadito después que muera doña Trinidad?

18. ¿Qué esperanzas tiene el Sentadito con respecto a su enfermedad?

# El Sentadito

Aquí me traen todas las tardes. Desde que la sombra del mercado crece y tapa este lado de la calle, ya me traen empujando para que desde aquí vigile. Antes, cuando no me daba cuenta de las cosas, la gente se reía de mí y yo no sabía por qué tanto me miraban. Después ya lo supe.

La primera en llegar, como todos los días, ha sido la Leocadia. Trae su vestido verde apretado que le deja de fuera las rodillas. El otro, el azul y blanco, lo deja para el fin de semana, aunque cuando no, este verde sirve hasta los sábados que es el
10   mero[1] día.

Amigos no tengo. Así, lo que se dice amigos, de adeveras, pues no, no tengo. Antes me entristecía, me daba coraje[2] y envidia que no jugaran conmigo, pero yo no podía. Es tan difícil para mí estarme quieto. Lo bueno fue que me di cuenta de cómo soy yo y cómo los demás. Amigos no tengo, pero sí conozco a muchos que pudieran serlo. Ellos no lo saben, pero yo juego a que son mis amigos y me imagino que jugamos juntos aunque es imposible. Así es como me paso las mañanas, acordándome de las gentes que veo, de los muchachos que trabajan en el
20   mercado. También de la Tigra.

A esta hora es más o menos cuando comienza el negocio. Si hoy fuera sábado, de seguro ya habría tachado[3] una o dos cruces[4] en la lista que me trae don Manuel. Sí, de seguro dos cruces tachadas habría en la lista, o tres, o más. Ahorita apenas la sombra del mercado comienza a treparse por esa de enfrente que es la revistería. También sube la sombra por la fonda[5] frente a la que se paró la Leocadia, y por la juguetería en la que asoman[6] los balones de fútbol anaranjados y las carabinas[7] de plástico. Así me la paso hasta las seis, depende, claro de si no
30   hay mal tiempo, porque entonces me quedo encerrado. Pero cuando la sombra ya tapó[8] la azotea de la casa de revistas, el negocio se pone más bueno; lo menos una cruz cada media hora.

---

[1] mero: principal
[2] coraje: irritación
[3] tachado: *crossed out, deleted*
[4] cruces: *crosses*

[5] fonda: café y restaurante
[6] asomar: aparecer
[7] carabina: *small rifle*
[8] tapar: cubrir

Aunque no tengo amigos, me da mucho gusto que el Perico me diga cosas y me sobe la cabeza cuando pasa, cuando va o viene de su puesto de jugos de naranja. El no lo sabe, pero yo me he dado cuenta que sus manos huelen a cáscara[9] de naranja y los dedos le brillan de tanto partir, apachurrar[10] y pelar esas naranjas tan bonitas que desde aquí se divisan[11] como los balones de enfrente, nomás que más chiquitas. Hoy no está el Perico en el puesto; de seguro se fue a comer a los merenderos[12] del mercado. Cuando pasa me mira y me dice: "quiúbole Sentadito", o nomás me despeina el coco y pasa corriendo y gritando: "¿no te cansas, Sentadito?" Así me dicen: el *Sentadito*; aunque mi nombre es Miguel. Otros me dicen *Mano-fija*, pero a ésos no los quiero. A ésos los odio porque se burlan de mis manos que no puedo tener quietas.

Allá viene la Elota, como le dicen por sus dientes parejos como mazorca[13] hervida. Esa no me quiere tampoco. No me quiere porque una vez le hice trampa[14] cuando no le anoté una de sus cruces. La verdad no se la anoté porque un día antes me dijo: "Ya estate quieto Sentadito, nomás me pones de nervios con tu zangoloteo de santo cubano". Me dio mucho coraje aunque no me dijo *Mano-fija*, de todos modos me la cobré[15] y no le puse su cruz cuando se fue la segunda vez. Después don Manuel y ella vinieron a preguntarme que qué había pasado.

Yo le dije, aunque nadie me entiende a la primera cuando hablo, que no me había dado cuenta de la segunda cruz de la Elota, que me había quedado medio dormido. Fue peor porque don Manuel se puso furioso y me amenazó otra vez, que si me volvía a quedar dormido no me sacaría más de donde doña Trinidad, y que ya no me traería todos los días aquí a tachar las cruces de Chela y la Elota y la Tigra y las demás. Yo me quedé rete espantado. Quería llorar porque no me gusta donde doña Trinidad ... está tan viejita la vieja que ni me cuida cuando tengo hambre o sed, o me busca a tiempo la bacinica[16] cuando me estoy orinando. Luego nomás me quedo escurrido[17] y la silla apesta durante días a meados. Lo peor fue cuando me dejó allá

---

9 cáscara: corteza
10 apachurrar: romper algo blando a golpes haciendo salir lo que hay adentro
11 divisar: ver
12 merenderos: cafés al aire libre

13 mazorca: maíz
14 trampa: engaño
15 me la cobré: *I took revenge*
16 bacinica: orinal
17 escurrido: mojado

en el traspatio[18] bajo la lluvia, y yo nomás hacía los ruidos que
70  hago cuando quiero hablar y ella no hizo nada porque se quedó
dormida oyendo sus novelas del radio, y yo quería mover mi
silla de ruedas, pero por más que trataba de agarrar[19] los aros[20]
de las ruedas no podía del movimiento que he tenido desde que
me acuerdo en mis brazos, es decir, en todo el cuerpo. Sí, por eso
está peleada[21] la Elota conmigo, porque una vez no le puse su
segunda cruz. Ella no tiene la culpa, no sé, pero a veces parece
que nomás vienen a regañadientes.

Ese señor que pasa por las tardes cargando tantas cubetas[22]
colgadas del palo que se recarga al hombro, es una de las cosas
80  que más me gustan de aquí en el mercado. Los brillos del sol en
las láminas[23] que parecen chispazos[24] de muchas formas me
jalan[25] la mirada. El ni se da cuenta que lo miro y sigue
meneando[26] sus cubetas por la calle. A veces grita: "... ubetas y
escobas" y otras"... ubetas de oíjalata", lo que quiere decir que
vende cubetas de hoja de lata[27] y escobas. Eso lo he entendido
yo sólo sin que nadie me lo explique. Acaba de llegar don
Manuel. Se bajó de su coche para entregarme la hoja de todos
los días. Al acomodarla en la tableta que tengo amarrada[28] en
la silla de ruedas, se puso a mirar para acá y para allá, mirando
90  cuáles son las que ya llegaron. Miró a la Elota y la Leocadia en
el lado de enfrente. También a Estrella que se puso en la mera
esquina donde dan vuelta los camiones amarillos que van para
los astilleros. Don Manuel las miró y me ha colocado el lápiz en
la mano, para que me ponga listo para apuntar las cruces
cuando alguna de ellas se vaya con alguno. Es bueno don
Manuel, no se le olvidó el chicloso[29]. Me lo acaba de poner en
la boca. El es quien le da el dinero a doña Trinidad para que me
cuide y me alimente. El dice que ella es mi abuelita pero no es
cierto. Ahora ya se va otra vez, me mira como siempre, sin
100  muchas ganas, pero sonríe como si fuera como yo, o yo como él.
Me dice otra vez: "aguzado[30] Sentadito", como todas las tardes.

---

[18] traspatio: segundo patio trasero
[19] agarrar: coger
[20] aros: *rings*
[21] peleada: enemistada
[22] cubetas: baldes
[23] láminas: hojas
[24] chispazos: chispas que saltan del
fuego

[25] jalan: atraen
[26] meneando: moviendo
[27] hojalata (hoja de lata): *tin*
[28] amarrada: atada
[29] chicloso: goma de mascar
[30] aguzado: despabilado, atento

La sombra del mercado ya tapó las vitrinas de las tiendas de enfrente. Ya no se ven claros los balones de fútbol. En la fonda está subiendo esa humareda[31] azul que comienza cuando echan los bisteces a los comales[32]. Esa es otra de las cosas que siempre distingo aquí en la calle.

Ahorita que estaba pensando en la Tigra y mirando esa nube de humo que se trepa[33] al cielo, llegó la Rusa y se la llevaron luego en un taxi. Ahorita le estoy tachando su cruz a la Rusa en la lista que me dejó don Manuel. Más tarde, ya de noche, don Manuel va a regresar, o uno de sus ayudantes, y se llevará la lista llena de las cruces que he tachado en cada uno de los viajes de las muchachas. No sé a qué horas vendrán por la lista, no sé porque en la noche no hay sombra del mercado en los edificios de enfrente que indique el tiempo. Lo único que sé, es que vendrán por la lista ya bien tarde, cuando la calle esté vacía; vacía no, porque todavía quedarán algunas muchachas y yo que nomás recargo[34] como puedo la cabeza en el respaldo de la silla, aunque no me duermo.

Por eso llega tan temprano la Leocadia, porque es la que menos cruces le tacho cada día. A veces no tiene nunguna cruz tachada en la lista y ya es bien de noche. Yo la miro tristísima cuando se va diciendo groserías y saca la botella de aguardiente[35] que guarda en su bolsa. Ella es la que más pleitos tiene con don Manuel. Ahorita pasó el Perico y me alborotó[36] el pelo de la cabeza. Me dijo: "¿todavía no te cansas Sentadito?", y yo le digo que no, que no me canso de vigilar en mi silla, aunque no me entiende por los ruidos que hago con la boca cuando quiero hablar. El no sabe que yo juego a que él es mi amigo y le ayudo a hacer sus jugos de naranja. Una vez pensé que lo ayudaba a hacer tanto jugo que llenábamos el mar del jugo amarillo de las naranjas. Me imaginé eso porque el mar es lo que más me gusta de todo.

Dos veces me han llevado a mirar el mar. Una vez fui con don Manuel y la vieja doña Trinidad. Fue hace dos años, cuando me sacaron del orfanato, antes que comenzara con lo de las tachaduras de las cruces. La otra vez me llevó la Tigra. Cuando siento que me pega el aire húmedo del mar me pongo como loco

---

[31] humareda: cantidad de humo
[32] comales: sartenes
[33] treparse: subirse

[34] recargo: apoyo
[35] aguardiente: bebida alcohólica
[36] alborotar: agitar

de gusto me muevo mucho, mucho, tanto que casi me caigo de
140 mi silla, y los demás me miran riéndose, pero no me importa
por el gran gusto de ver tanta agua moviéndose sin parar como
yo, y que siento que me da la razón. Una vez pensé que si me
mojaba con el agua del mar me aliviaría de mi enfermedad,
pensé que hasta podría aprender a caminar y dejar para siempre
esta silla de ruedas. Me gustó mucho pensar eso aunque sé que
es imposible, que toda la vida me la voy a pasar moviéndome
como lombriz sentado en mi silla. Después de mirar esa vez el
mar todo el día, me tranquilicé mucho, me quedé casi quieto
nomás viendo las olas que rodaban por la playa como
150 serpentinas[37] de feria. Hasta la Tigra se acercó y me dijo: "Ora
tú, qué tienes ¿qué ya te aliviaste?"

La Tigra es muy buena. Una vez me dijo que nomás juntara
mucho dinero me iba a pagar una operación con los doctores de
la capital para que me curaran. Me dijo que nos íbamos a ir para
vivir juntos, "como hermanitos". Yo sé que no es cierto, que eso
lo dice la Tigra para consolarme, y para consolarse ella que tiene
esa cara tan linda con sus ojos tan tristes como los de un
pescado muerto.

La Elota se está subiendo con un señor en la bicicleta. A veces
160 se las llevan en coches o en taxis, otras veces se van a pie; pero
en bicicleta no. Qué chistosa[38] se mira la Elota trepada en la
parilla de la bicicleta. No se me va a olvidar: le tacho su primera
cruz del día.

Cuando llega la Tigra me pongo muy contento. Ella me regala
dulces, a veces me da revistas que compra allá enfrente para que
yo me distraiga mirando los dibujos y los colores de las páginas.
La Tigra siempre se lleva sus buenas cruces, siempre más de
dos. Ha de ser porque es la más buena. A mí me da gusto que la
Tigra venga a platicarme[39]. Ella sí me entiende, a veces me
170 cuenta cosas de su casa, dice que tiene un hijo así de grande
como yo. Dice que cuando crezca me daré cuenta de por qué
todos quieren que se llene mi lista con cruces de las que tacho
con este lápiz. Dice que yo no entiendo, pero me entendió el día
que le quise explicar que sí entiendo. Le dije a la Tigra que ya sé
que las muchachas, la Nati, la Rusa, ella y hasta la fea de
Leocadia, se van con las gentes a platicar, y luego regresan para

---

[37] serpentinas: cinta de papel          [39] platicarme: hablarme
[38] chistosa: graciosa

irse con otros a platicar; porque aquí en la calle nadie platica, nadie se mira a los ojos, y eso es lo que van a hacer las muchachas con los hombres que se las llevan. Se van a platicar

180 bonito, como la Tigra que me cuenta cosas mientras yo la miro con mi temblorina[40] de todo el cuerpo.

Para eso me traen aquí empujando en la silla, para que tache las cruces de la Rusa y la Chela, y las demás. Lo único que quisiera ya, no es aliviarme ni que aprenda a hablar bien, eso no se podrá nunca, por más que lo diga don Manuel. Lo único que espero es que algún día se muera doña Trinidad y entonces la Tigra se encargue de cuidarme, porque sé que hay unos que nacen buenos y son los que pueden andar solos; pero también habemos otros que nacimos para juntarnos, porque traemos la

190 enfermedad, y juntos sufrimos menos, como la Tigra que está llegando apenas ahorita, o como yo que miro la sombra del mercado que sube por allá enfrente.

## Lectura literaria

1. ¿Quién es el narrador de la historia? ¿Qué tipo de narración es?

2. Explique cómo se caracteriza a don Manuel, a la Tigra, al Perico y a la Elota a través de los ojos del narrador.

3. ¿Qué actitud parecen tener don Manuel y el Perico hacia el protagonista?

4. Parece que el narrador va hablando a la vez que ve lo que ocurre a su alrededor. ¿Cuál es el efecto que esto produce en el lector? Explique con ejemplos.

5. A través del cuento hay varias referencias al hecho de que el protagonista no tiene amigos. ¿Qué implica el autor con esta ausencia?

6. ¿Qué elementos de la naturaleza aparecen aquí y por qué son importantes?

7. Explique cómo se desarrollan los temas de la soledad y la inocencia.

---

[40] temblorina: agitación

8. ¿Por qué piensa el Sentadito que él y la Tigra tienen cosas en común? ¿Qué significado tienen estas semejanzas?

9. Busque las referencias a "la sombra" y explique el significado simbólico de esta imagen.

10. Para una persona discapacitada el cuerpo puede sentirse como una cáscara incómoda o un impedimento. Cite algunos ejemplos de este fenómeno en el cuento.

11. ¿Cuál de los cinco sentidos es más importante para el sentadito? Explique usando citas del cuento.

12. El comienzo y el final dan una idea de circularidad. ¿Cómo se puede interpretar esto?

## Más allá de la ficción

A. Actividades de redacción

1. Poniéndose en el lugar de un discapacitado, ya sea físico o mental, prepare una lista de lo que Ud. piensa que es necesario para poder funcionar dentro de la sociedad.

2. Haga una lista de las cosas que el Sentadito "ve".

3. Dé ejemplos de las cosas que el protagonista aprende por sí mismo.

B. Temas para el debate

1. a. Ventajas de legalizar la prostitución

   b. Desventajas de legalizar la prostitución

2. a. La sociedad de Estados Unidos está más avanzada que los otros países en cuanto a la ayuda y consideración de los discapacitados.

   b. Hay otros países que están más avanzados en cuanto a la consideración de los discapacitados.

3. a. El estado debe responsabilizarse por proveer los recursos públicos necesarios para los discapacitados.

   b. La ayuda a los minusválidos debe ser sólo la responsabilidad de las organizaciones de caridad y las empresas comerciales.

C. Temas para conversar en grupos y discutir

1. El cuento tiene lugar en un pueblo chico. Especulen cómo sería la vida del Sentadito en una ciudad grande.

2. Uno de los problemas que enfrentan las prostitutas es el SIDA. Discutan y propongan soluciones.

3. Hay países en Europa y otras partes del mundo que tienen "zonas especiales" para que las prostitutas trabajen. ¿Existen zonas especiales para la prostitución en las ciudades que Uds. conocen? ¿Cómo son estas áreas?

4. ¿Qué otros peligros enfrentan las prostitutas?

5. Muchos de los veteranos de Vietnam han sufrido dificultades para reintegrarse a la sociedad y para llevar una vida normal. Investiguen el tema y expliquen sus razones. Propongan ideas para su solución.

6. Hagan una lista de todos los tipos de personas que se quedan al margen de la sociedad. ¿Por qué se les marginaliza? ¿Qué problemas se les presentan a los marginados?

# 7
# El cinero
de David Acebey

## Conozcamos al autor

### BIOGRAFÍA

David Acebey nació en 1945 en Bolivia. Pasó su niñez y adolescencia en Sucre donde estudió hasta el tercer año de secundaria. Al cumplir diecisiete años se fue sin rumbo y llegó hasta la Argentina donde desempeñó varios oficios.

Luego vivió veinticinco años en la ciudad de La Paz. Entre otras cosas, fue fotógrafo, mozo de bar en un prostíbulo, artesano de cuero, ayudante de albañil, periodista y catedrático universitario–gracias a una ley de excepción en materias como fotografía, que permitía participar en exámenes de competencia a quienes no tenían título académico. Renunció a la universidad para trasladarse a Santa Cruz, donde trabaja desde 1993 (como chofer de taxi).

Ha publicado entre otros títulos: *Bolivia: un documental, un cuento y un güión* (1983), *Aquí también Domitila* (1985), *Yagua: selección de relatos, cuentos y mitos de los ava-guaraní* (1995) y *Memorias de un postillón,* de donde se extrajo "El cinero".

*¿Qué le inspiró a empezar a escribir?*

Tal vez el deseo de manifestarme en contra de la injusticia.

*¿Quiénes son sus autores favoritos? ¿De qué manera han influido en su estilo o en la temática de su obra?*

Eduardo Galeano, Juan Rulfo, Gabriel García Márquez y Víctor Hugo, aunque no he leído toda la obra de los autores citados. Sospecho que ellos y otros me influyeron en el estilo. Comencé a escribir a los treinta y cinco años. Mis conocimientos gramaticales y literarios son limitados. Soy más escritor que lector. Tengo dificultad para concentrarme en lo que leo. Ello me ha significado un obstáculo, porque mi vocabulario es insuficiente; pero en cambio tengo una vida intensa y creo que aprendí a leer los caminos.

*¿Qué influencia tiene el cine en los pueblos pequeños de Bolivia? Si hay otros detalles pertinentes a este cuento, favor de decirnos.*

A los pueblos pequeños de Bolivia sólo llegaba el cine ambulante. La mayoría de los pueblos nunca tuvieron una sala de cine. Las películas eran proyectadas al aire libre y cada persona tenía que llevar su silla. La llegada del "empresario", que a la vez era el operador de la proyectora, el mecánico, el relator que caminaba por las calles redoblando un tambor para anunciar las películas que traía de "tiempo en cuando", era un acontecimiento, pese al riesgo de un corte de luz en media proyección —cosa muy común— y hasta sospecho que alguna gente deseaba el corte, por "ver" el resto de la película a través de los relatos del empresario. "El cinero" tuvo varias versiones y es posible que sea una biografía del "cinero que vive en mi alma".

*Los personajes de sus cuentos llevan apodos interesantes. ¿Puede Ud. explicar uno de ellos?*

Relacionado a "El cinero", el Mudo Peralta actúa en dirección opuesta de su apodo. Es un hablador, un husmeador de noticias, es el que cuenta las películas que "hace el Cinero", con su filmadora de madera.

*¿Qué proyectos tiene Ud. para el futuro?*

Concluir *Relincho*, la novela que, desde hace diecisiete años, no puedo mejorar. Buscar una productora para llevar al cine un guión basado en los cuentos "El Chalán" y "Cosas de la abuela Ruperta". Esculpir un caballito de palo para llevar a los lectores por el mundo de mis locuras.

By Kimberly Varnadoe

## Ejercicios de prelectura

A. Descripción detallada de la ilustración

B. Asuntos para discutir más allá de la ilustración

1. ¿Va Ud. al cine con frecuencia? ¿Qué tipo de películas le gusta mirar? ¿Por qué las prefiere?

2. Las siguientes películas tienen al cine como tema principal; todas están en las tiendas de video. Mire alguna(s) y resuma su(s) argumento(s).

   MODELO: *The Star Maker, Cinema Paradiso, The Purple Rose of Cairo, Ed Wood, The Last Action Hero*

3. ¿Tiene Ud. una filmadora de vídeo? ¿Qué le gusta filmar? ¿Por qué?

4. ¿Ha mirado Ud. documentales? ¿Le interesa ese género de películas? ¿Por qué? ¿Qué diferencias hay entre los documentales y los largometrajes[1]?

5. Mencione algunos autores que reproducen el lenguaje hablado como "wadda ya want" o "gimme dat". ¿Qué efecto tiene este estilo?

C. Relaciones personales

1. ¿Tiene Ud. amigos, familiares o conocidos con sobrenombres[2]? ¿Qué sobrenombres tienen? ¿Quién les puso esos sobrenombres y por qué?

2. ¿Le gusta a Ud. que le cuenten las películas antes de verlas o las que no pudo ver? Explique.

3. ¿Le parece a Ud. que la vida diaria de la gente es buen material para hacer una película? Elabore.

4. ¿Cree Ud. en el valor pedagógico de contarles historias a los niños? Explique su posición.

---

[1] feature films
[2] nicknames

D. Palabras y estructuras claves

1. La palabra "cineasta" se refiere a la persona que filma, dirige y/o, produce películas cinematográficas. Esta palabra *no* sigue la regla de agregar *-ero* al sustantivo para formar el oficio correspondiente.

MODELO: Boleto ⟶ boletero (el que vende boletos en la taquilla)

Fruta ⟶ frutero (el que vende fruta)

Zapato ⟶ zapatero (el que arregla zapatos)

a. Dé dos o tres ejemplos siguiendo esta regla.

b. ¿Por qué cree Ud. que el título del cuento que va a leer es "El cinero" y no "El cineasta"? ¿Qué le anticipa ese título del nivel social y educativo de los personajes del cuento?

## Guía de lectura

Busque las respuestas a las siguientes preguntas en el cuento.

1. ¿Qué pasó esa noche en el pueblo y qué hicieron los turcos para terminar la película?

2. ¿Por qué se rieron tanto los espectadores?

3. ¿Qué le pidió don Dámazo al narrador?

4. Resuma brevemente la primera película que llegó al pueblo.

5. ¿Quiénes discutieron por las películas y quién ganó la disputa?

6. ¿Por qué dice el monseñor: "—¡Me lo van a gastar! [al anillo]"?

7. ¿Qué cosas filmaría el protagonista si tuviera una filmadora?

8. ¿Qué hicieron algunos changos para obtener el dinero para ir al cine?

9. ¿Cómo se diferenciaba a la gente rica de la pobre?

10. ¿Cómo era el protagonista?

# El cinero

Anoche se cortó la luz del pueblo cuando el jovencito de la película estaba por dar alcance[1] a los bandidos que asaltaron el banco. Esto ocurre siempre.

Los turcos[2] prendieron mecheros[3] y contaron el resto de la película imitando relinchos[4], gritos, disparos[5] y hasta el beso del jovencito a la rubia que rescató de los bandidos mexicanos.

Nos despanzamos de risa[6] cuando la Gorda Boletera[7] se trenzó[8] en el cuerpo de su hombre y lo aprovechó hasta que el Turco Talero gritó fin en inglés para que deje de besarlo y se

10  ponga a vender los gallitos de melcocha[9] antes de que el público se desparrame[10].

A mí también me gusta contar. Hoy fui a tomar mate[11] con el Ciego Dámazo y le dije:

—Hubiera querido que vea "Red Kit", don Dámazo.

—¿Pero cómo gua[12] ver si soy ciego ...?

—Usté[13] es ciego cuando quiere porque no le falta ojo pa'[14] la Ermelinda.

Se hizo el chancho rengo[15] y después me pidió que le cuente de la primera película que llegó a Timboy Gacho.

20  —¡Ya le conté!

—¡Pues recuéntela!

—Además la vio.

---

[1] dar alcance: *to reach*
[2] turcos: personas de Turquía (fig: comerciantes)
[3] mecheros: lámparas de gas
[4] relinchos: sonido que producen los caballos
[5] disparos: *shots*
[6] despanzarse de risa: reírse muchísimo
[7] boletera: mujer que vende boletos
[8] trenzarse: *entwine oneself*
[9] gallitos de melcocha: dulces pequeños de miel
[10] desparramarse: irse cada uno por su lado
[11] mate: infusión similar al té
[12] gua: imitación coloquial de "voy a"
[13] Usté: imitación coloquial de "usted"
[14] pa': imitación coloquial de "para"
[15] se hizo el chancho rengo: regionalismo para "pretendió no saber nada"

—Pero sólo de oídas[16].

Me hice rogar hasta que cambió la yerba[17] de sus mates aguados[18]. Entonces le dije que nunca olvido aquel veinte de agosto porque me entregaron el chivato[19] que me dejó de herencia mi mama[20] y, en la noche, fuimos al cine con el Mudo Peralta. Por tercera vez le conté de los changos[21] que se espantaron[22] cuando una tropa de caballos corrió como queriendo salir de la pantalla, de los criollos[23] que vieron la película sin desmontar, de las viejas que se persinaban[24] cada que[25] las bailarinas mostraban sus ancas[26], del barullo[27] que se armó entre los que apostaban[28] al gallo giro[29] y al gallo colorado[30], y de la propaganda de Amor salvaje, donde una tal Sonia se fue sacando sus trapos[31] hasta quedar casi en cueros[32].

—¡Era como pa' amansarla[33] sin ensillao[34]! dijo.

—¿No era que usté era ciego?

—Ya le dije que también se mira de oídas.

Aquella noche pequé[35] de pensamiento y manos, pero eso no cuento.

Cuando el Turco Talero viajó a la capital para cambiar las películas, el padre Féderix alborotó[36] a las beatas[37] para que se prohiba el cine en Timboy Gacho. Pero como era tiempo de elecciones, las autoridades no quisieron quedar mal con Dios ni con el candidato oficial. El pleito[38] fue público y los que apoyábamos al cine ganamos con más de trescientos cuerpos.

Al día siguiente le pregunté al padre Féderix:

---

[16] de oídas: con los oídos
[17] yerba: hierba aromática con que se prepara el mate
[18] aguados: con mucha agua
[19] chivato: *young goat*
[20] mama: regionalismo para "mamá"
[21] changos: regionalismo para "muchachos"
[22] espantarse: asustarse
[23] criollos: nativos
[24] persinaban: imitación coloquial de "persignaban"
[25] cada que: cada vez que
[26] ancas: *heavy hips*

[27] barullo: ruido, confusión
[28] apostar: jugar por dinero
[29] el gallo giro: con el cuello y las alas amarillos
[30] colorado: rojo
[31] trapos: forma vulgar de decir "ropa"
[32] en cueros: desnuda, sin ropa
[33] amansarla: domesticarla
[34] ensillao: imitación coloquial de "ensillado" (con silla de montar)
[35] pequé: cometí un pecado
[36] alborotar: agitar
[37] beatas: mujeres virtuosas
[38] pleito: pelea, discusión

—Pagrecito[39], ¿ande[40] se estudia pa' ser cinero[41]?

—En el infierno— respondió enojado.

50    Parece que después de la misa se arrepintió, porque cuando guardé los ornamentos me dijo:

—No se dice cinero, se dice cineasta.

—Eso sería si el cinero fuera un toro— le retruqué[42]. Creo que se dio cuenta que no pudo engañarme y se fue riendo. Pero sé que esa maquinita para hacer cine se llama filmadora. Vi uno de esos aparatos cuando monseñor Mauricio visitó el pueblo, y estoy seguro que salí en la película que hicieron de su viaje por el Chaco[43], porque me puse a la fila de los que esperaban el turno para besar su anillo.

60    —¡Me lo van a gastar[44]!— dijo.

Y el Mudo Peralta, que siempre está metido[45] donde pasan cosas para contarlas, le respondió:

—Mejor su eminencia, así se compra uno nuevito.

Desde entonces pienso que si yo fuera cinero haría muchas películas, porque aquí pasan tantas cosas, que es cuestión de apuntarlas con la maquinita esa, y listo.

Ya estoy practicando con mi filmadorita de quebracho[46], pero si tuviera una de verdad, haría cine para reír, cine para llorar y cine para que vean cómo de lindo es mi pago[47]. Le filmaría al

70    Zurdo haciendo llorar a su guitarra, al Chato atropellando[48] ganado[49] arisco[50], a don Mariano tigreando[51] con sus perros, al Juan Paniagua peleando con los caminos para que el correo llegue puntual o al Aurelio contrapunteando[52] a su propio eco en los cañones. ¡Pucha[53] que canta lindo el carajo[54]!

---

[39] pagrecito: imitación coloquial de "padrecito"

[40] ande: imitación coloquial de "a dónde"

[41] cinero: (cineasta) la persona que se dedica a filmar, dirigir y/o producir películas de cine

[42] le retruqué: regionalismo para "le contesté"

[43] Chaco: provincia del norte de Argentina

[44] gastar: usar demasiado

[45] metido: presente

[46] quebracho: un árbol de madera muy dura

[47] mi pago: regionalismo para "lugar en el que uno vive"

[48] atropellar: empujar

[49] ganado: grupo de bovinos

[50] arisco: difícil, poco amigable

[51] tigrear: cazar tigres

[52] contrapuntear: contestar

[53] pucha: *damn*

[54] carajo: *S.O.B.*

También haría una película de las correrías[55] del padre Torrejón, el único cura criollo que tuvo la parroquia. Fue cantor, chacotero[56] y aficionado a los caballos. Le filmaría haciendo flamear[57] su sotana[58] en el carril[59], contando chistes colorados[60], puñeteando[61] a los policías abusivos o haciendo bromas a los moribundos para que viajen alegres a la otra vida. Haría unas tomas cuando arremanga[62] su sotana para zapatear[63] chacarera[64] y cuando imita el canto de los buhos[65], señal para que la viuda Valeria destranque[66] su ventana; porque todos sabemos que le dio consuelo desde que murió su marido, y los que piensan como yo, no criticamos sus gateadas[67].

En esa película mostraría a las viejas Viscachas[68], para que se conozca el infierno grande de los pueblos chicos; porque como no hubo quien se anime a pecar con ellas, hicieron yunta[69] para sembrar[70] chismes[71].

Haría otra película con los turcos. Filmaría los caminos que recorren arreando[72] los burros que cargan su negocio y, a la Gorda, cuando se disfraza de tamborillera[73] con botas rojas y vestido blanco a media pierna, y marcha por la calle redoblando[74], mientras su hombre anuncia en cada esquina, las películas que traen de tiempo en cuando.

Mostraría a los changos que ríen del paso marcial de la Gorda y de la seriedad del Turco Talero, cuando se dirige a los mirones[75] con su cuerno de lata[76], para decir las mismas cosas: Que la película tal o cual fue premiada por el lado de los

---

[55] correrías: aventuras
[56] chacotero: que le gusta hacer bromas y chistes
[57] flamear: *flutter*
[58] sotana: uniforme de sacerdote
[59] carril: las vías del tren
[60] chistes colorados: *dirty jokes*
[61] puñeteando: haciendo gestos con el puño
[62] arremangar: subir las mangas
[63] zapatear: golpear rítmicamente con los pies en los bailes folclóricos
[64] chacarera: baile folclórico andino
[65] buhos: *owls*
[66] destrancar: abrir, quitar el cerrojo
[67] gateadas: cosas de gatos

[68] Viejas Viscachas: mención al Viejo Viscacha –personaje de *Martín Fierro*– poema gauchesco del escritor argentino José Hernández. El Viejo Viscacha era sabio por haber vivido mucho y tenía en su rancho cualquier cosa que se necesitara porque almacenaba de todo.
[69] yunta: un par de animales de carga
[70] sembrar: plantar
[71] chismes: rumores
[72] arreando: guiando el ganado
[73] tamborillera: que toca el tambor
[74] redoblar: tocar un tambor
[75] mirones: los que miran escondidos
[76] cuerno de lata: altavoz

100 Yunaites[77], que el argumento[78] es copia fiel de la realidad, que
llevemos pañuelo porque hay escenas para moquear[79], o
asegura que no se cortará la luz eléctrica, porque trajo un burro
extra cargado con gasolina y limpió el carburador del motor.

Y siempre algún chango pregunta:

—La entrada es con gancho o sin gancho[80].

Entonces la Gorda explica que habrá gancho después del
tercer día y que podrán ingresar tres niños con una entrada.
Los changos se las ingenian[81] para conseguir unos pesos.
Algunos roban pollos para darlos a cambio del boleto, y si
110 no les resulta la travesura[82], estarán obligados a trepar[83]
el tapial[84] de la alcaldía[85], a riesgo de ser bajados de un
garrotazo[86], especialmente cuando los estreñimientos[87] de la
Gorda Boletera la ponen con cara de mal tiempo.

También filmaría a la gente que camina cargando sillas y
bancos en dirección al cine. En esos desfiles[88] se nota quién es
quien: Los ricos caminan por media calle seguidos de las
sirvientas que cargan sus poltronas[89]; en cambio los otros,
caminan con sus patas[90].

Pero sólo el Mudo Peralta comprende mi afición por el cine y
120 me busca para saber de las películas que hace el cinero que vive
en mi alma[91]. Yo le cuento y él las muestra.

Ayer festejamos[92] mis cincuenta y le dije:

—Algún día vendo mi chivato y me voy de cinero.

—Andate Igenio, andate[93]— me dijo—pero mientras tanto
seguí[94] practicando con tu filmadorita de quebracho.

---

[77] Yunaites: imitación coloquial de "United States"
[78] argumento: *plot*
[79] moquear: llorar mucho
[80] gancho: ventaja
[81] se las ingenian: *manage*
[82] travesura: *prank*
[83] trepar: subir
[84] tapial: cerca, baranda
[85] alcaldía: la oficina del alcalde
[86] garrotazo: golpe fuerte
[87] estreñimiento: *constipation*
[88] desfiles: *parades*
[89] poltronas: sillas cómodas
[90] pata: pierna o pie de los animales
[91] alma: *soul*
[92] festejamos: celebramos
[93] andate: vete (forma de "vos")
[94] seguí: sigue, continúa (forma de "vos")

## Lectura literaria

1. Después de leer el cuento, el lector puede hacerse una imagen clara del lugar donde trascurre la acción; describa ese lugar en detalle.

2. Los personajes del cuento están descritos indirectamente por sus acciones, sobrenombres, etc. Haga una lista de los personajes y descríbalos.

3. ¿Qué efecto produce el uso de palabras y expresiones populares? ¿Qué le dicen de los habitantes del pueblo?

4. En varias oportunidades se usan expresiones relativas a animales para referirse a personas. Encuentre algunos ejemplos y explique su significado. ¿Qué efecto tiene el uso de esas expresiones?

5. En el quinto diálogo se hace un juego de palabras con efecto cómico: "—Eso sería si el cinero fuera un toro—le retruqué" haciendo mención a "cineasta" palabra que contiene "cine" y "asta" (*horn*). Encuentre otros indicios de humor en el cuento y explique su razón.

6. ¿Cuál es el papel del cura como interlocutor de la Iglesia católica?

7. ¿Qué le dice a Ud. sobre los valores del protagonista el hecho de que tenga interés en filmar la vida cotidiana de los habitantes de Timboy Gacho?

8. Lo que filmaría Igenio es testimonial y comprometido. Elabore y dé ejemplos.

9. ¿Qué implicación tien el hecho de que sólo el Mudo Peralta comprenda la pasión de Igenio por el cine?

10. ¿Qué significado tiene un personaje "ciego" que puede ver y un personaje "mudo" que puede hablar?

## Más allá de la ficción

A. Actividades de redacción

1. ¿Qué incluiría en una película del lugar donde Ud. vive? Haga una lista.

2. Escriba sobre alguna cosa que a Ud. le gustaría hacer algún día, pero que no le ha dicho a nadie.

3. En dos columnas contraste la vida de Igenio en Timboy Gacho como campesino, y en Hollywood como cineasta.

4. Cambie el final del cuento para mostrar que Igenio vende su chivato y se va de cineasta.

B. Temas para el debate

1. a. El cine es una vía de escape de la realidad cotidiana.

   b. El cine es una vía de mantenernos inmersos en lo que ocurre en el mundo.

2. a. La vida en los pueblos pequeños fomenta las relaciones duraderas y profundas entre la gente. Es mejor que en las ciudades más grandes.

   b. La vida en los pueblos pequeños fomenta los chismes y rumores entre la gente. Las ciudades grandes son mejores.

3. a. Es mejor tener grandes sueños y aspiraciones para mantenerse vivo.

   b. Es mejor tener deseos y objetivos pequeños y concretos para evitar frustraciones.

C. Temas para conversar en grupos de tres o cuatro y discutir en clase

1. Es muy común en Latinoamérica, en los pueblos pequeños, usar sobrenombres que se relacionan con la condición o apariencia física de la persona y que son afectuosos. Comparen esto con el uso de sobrenombres en los Estados Unidos.

2. Comparen el trato que se les da a las personas minusválidas en los EE.UU. y en otros países (si Ud. ha viajado).

3. Cuenten la primera película que recuerden haber visto y el impacto que tuvo en Uds.

# 8
# Testigo es la noche de mi padecer
### de Alejandra Basualto

## Conozcamos a la autora

## BIOGRAFÍA

Alejandra Basualto nació en Rancagua, Chile en diciembre de 1944. Estudió en la Universidad de Chile, donde se licenció en literatura. Se formó en los talleres literarios de Miguel Arteche, Alfonso Calderón, José Donoso y Pía Barros. Actualmente, Basualto dirige el taller literario "La trastienda", colaborando en la formación de nuevas promociones de escritores. Basualto ha publicado poesía tanto como narrativa. Escribió los poemarios *Los ecos del sol* (1970), *El agua que me cerca* (1983), *Las malamadas* (1993), *Altovalsol* (1996) y un libro bilingüe, *Guayacán and other poems* (1996). En narrativa ha publicado *La mujer de yeso* (1988), *Territorio exclusivo* (1991) y *Desacato al bolero* (1994). "Testigo es la noche de mi padecer" es un cuento incluido en Desacato al bolero. La incomunicación es una de las obsesiones que trata en su literatura. Todos sus cuentos y poemas muestran una búsqueda por la comunicación.

*¿Por qué escribe?*

Escribo, en primer lugar, porque me produce un gran placer hacerlo; luego, porque la escritura despeja mis obsesiones y mis dudas. También escribo para tocar a otros, en ese gesto simple de hermanarnos en la complicidad de compartir mundos.

*¿Qué textos literarios le han causado impacto? ¿Por qué?*

No puedo de dejar de nombrar el libro *Corazón* de Edmundo Amicis, autor italiano que cautivó mi infancia, despertó mis emociones y me hizo llorar las desventuras del personaje niño. Luego me fascinaron los libros de la hermanas Brontë, Louisa May Alcott, *El diario de Anna Frank*. En la preadolescencia leía a F. Yerby, Pearl S. Buck, Mauriac, Simone de Beauvoir, François Sagan. Luego, me enamoré de Kafka y me identifiqué con Gregorio Samsa de *La metamorfosis*, *El lobo estepario* de Herman Hesse, *El extranjero* de Albert Camus y *The Catcher in the Rye* de Salinger. Aparte de ellos, la poesía siempre, toda clase de poesía. Allí aparecieron las mujeres: Mistral, Juana de Ibarbourou, Alfonsina Storni, Santa Teresa y Sor Juana Inés de la Cruz. Otras muchas lecturas. También Onetti, Soriano, Lezama Lima y Cortázar, siempre Cortázar, Pizarnik, Sylvia Plath, etc. No puedo seguir enumerando.

*¿Cree que existe una escritura femenina?*

Hablo desde mi perspectiva de mujer que escribe. Como tal, hay características femeninas que me son propias y que determinan mi forma de mirar el mundo. Sin embargo, creo que los parámetros que definen a hombres y mujeres como escritores, más que el género o el sexo, son la cultura, la experiencia, la sociedad y la época que nos toca vivir; la perseverancia, el talento, la imaginación, la observación del otro, y nuestra propia subjetividad. Creo también en la existencia de una pluralidad de voces femeninas y de estilos, en la "diversidad" de "lo femenino" y en el derecho de las mujeres a utilizar la palabra, como sujetos pensantes y actuantes para develar mundos.

*¿Por qué eligió una voz masculina para su cuento "Testigo es la noche de mi padecer"?*

Justamente porque quería comprobar hasta qué punto podemos las mujeres imaginar y proyectar un personaje masculino en cuanto a sus emociones y actuaciones. El cuento partió con una protagonista mujer, y luego decidí cambiarla por un hombre. Para mi sorpresa, los ajustes que tuve que hacer fueron muy pocos. Me di cuenta entonces que hombres y mujeres no somos tan diferentes en lo esencial, en lo humano, más bien, diría, somos bastante similares en cuanto a los sentimientos, emociones y acciones impulsadas por éstos.

*¿Qué papel cumple la cultura popular en su obra?*

En *Desacato al bolero* la intención fue transgredir, desobedecer, desenmascarar las leyes no escritas del bolero y del tango, tan arraigados en nuestra cultura latinoamericana. Personalmente me gustan mucho el bolero y el tango. Pero estas manifestaciones de cultura popular han impedido una visión objetiva de las relaciones humanas. Por eso mi obra intenta desacralizar por medio de la ironía y la parodia esta concepción paternalista-ideal del amor de pareja.

*¿En qué sentido sus personajes desacatan el orden establecido?*

De alguna manera, todos mis personajes desacatan el orden establecido, ya sea por infidelidad (de pensamiento o de obra) al cónyuge o a sí mismos; por rebelión contra las convicciones religiosas y morales aprendidas; por violación de recuerdos, lugares comunes o límites socialmente establecidos; por transformación ficticia de lugares concretos; por ensueños censurables; represión de la propia memoria y de los sentimientos. Todo ello, eco y resultado de procesos internos de autodefensa contra el horror provocado por la violencia, represión e inseguridad que alteraron la vida de los chilenos en los últimos veinticinco años.

By Kimberly Varnadoe

# Ejercicios de prelectura

A. Descripción detallada de la ilustración

B. Más allá de la descripción

El bolero es un tipo de melodía y baile sentimental, originario de Cuba. "Testigo es la noche ..." es el título de un bolero. Otros títulos son: "Mañana puedes irte", "Cuidado", "Nuestras vidas", "Bésame mucho", "Esta tarde vi llover", "Desesperadamente", "Quiéreme mucho", "Arráncame la vida". Especule sobre qué temas le parece que se tratarán en los boleros. ¿Qué le sugiere el título del cuento?

C. Asuntos para discutir más allá de la ilustración

1. Mencione algunos casos famosos en que alguien ha acechado a otra persona.

2. ¿Qué películas recientes contienen el acecho como tema?

3. ¿Qué experiencias en la vida producen una personalidad inclinada al acecho?

4. ¿Qué derechos o recursos tiene la víctima de un acecho?

5. ¿El acechador es típicamente mujer u hombre? ¿Por qué?

6. ¿Cree Ud. que la sociedad y cultura modernas nos incitan a la obsesión? Explique.

7. A veces hay dolor, remordimiento y un deseo de venganza cuando una relación amorosa termina. ¿Qué se puede hacer para aliviarse de estos sentimientos?

8. ¿En qué lugares públicos es tolerado el comportamiento del mirón? ¿A qué se debe el éxito de estos lugares? ¿Reciben estos lugares más concurrencia femenina o masculina?

9. ¿Qué satisfacción puede sentir el mirón o la persona que observa secretamente a otra?

10. ¿Qué frustración puede sentir el mirón?

D. Relaciones personales

1. ¿Conoce Ud. a alguien que haya sido víctima de un acecho? ¿Qué pasó?

2. El diccionario define "rito" como "el conjunto de reglas establecidas para el culto o ceremonias religiosas". Describa los ritos de una religión que Ud. conozca.

3. Puede pensar en otros ejemplos en los que sistemáticamente Ud. sigue reglas preestablecidas? Explique.

4. ¿Cómo se siente cuando se cree observado/a? Enumere sus sensaciones.

E. Palabras y estructuras claves

1. Dé el cognado inglés de las siguientes palabras y busque las definiciones de las que Ud. no conoce en un diccionario.

| | |
|---|---|
| rito: | coquetería: |
| rictus: | nocturno: |
| cavilación: | fortaleza: |
| densidad: | espiar: |
| difuso: | tentáculo: |

2. Empareje cada palabra con un sinónimo

| | |
|---|---|
| a. Huella | 1. Agitación del cuerpo |
| b. Llevarse a cabo | 2. Causar sufrimiento |
| c. Horadar | 3. Concluir |
| d. En pos de | 4. Densidad |
| e. Bata | 5. Dominar |
| f. Disparo | 6. Perforar |
| g. Estremecimiento | 7. Ropa cómoda |
| h. Avasallar | 8. Inocultable |
| i. Hogareño | 9. Detrás de |
| j. Indisimulable | 10. Cómodo |
| k. Espesura | 11. Ruido que hace una arma |
| l. Agobiar | 12. Pisada |

3. Repase los usos y los tiempos y modos de "saber" y "conocer" y explique las siguientes oraciones:

   a. Vago por las calles, como si fuera de paseo pero *sabiendo* que voy en una dirección predeterminada.

   b. A veces pienso que de algún modo <u>sabes</u> que estoy cerca.

   c. <u>Conozco</u> todos los rincones de tu casa sin haber entrado jamás.

   d. <u>Sé</u> cual es tu dormitorio.

   e. Parece que no <u>conoces</u> mi persistencia.

   f. Nadie que te <u>conozca</u> lo suficiente podría obviar el brillo excesivo de tu mirada.

   g. Si estás atenta, <u>sabrás</u> que soy yo el que se aleja penumbroso.

## Guía de lectura

Busque las respuestas a las siguientes preguntas mientras lee el cuento.

1. ¿Qué relación tenían este hombre y la mujer en el pasado?

2. ¿Qué ve el narrador cuando está en frente de la casa y qué se imagina?

3. ¿Qué dice el narrador que nos explica su actitud hacia las mujeres en general?

4. ¿Qué implica cuando dice: "un auto, dos autos en el garaje, una bicicleta, dos bicicletas, tres bicicletas abandonadas sobre el pasto"? ¿Por qué no dice simplemente "dos autos y tres bicicletas"?

5. ¿Cuál es el estado civil de la mujer—está casada o soltera?

6. ¿Cómo se refiere el narrador al esposo de la mujer? ¿Por qué?

7. Encuentre algunas frases o descripciones que suenan amenazantes.

8. ¿Por qué se refiere el narrador a sí mismo como "el condenado" y "el que ha perdido la partida"?

9. ¿Piensa el narrador que la mujer sabe que él la acecha? Explique.

# Testigo es la noche de mi padecer

Dos o tres veces por semana debo cumplir con ciertos ritos. Ciegamente, casi religioso, me dejo llevar hacia la búsqueda de tus huellas. Y mientras vago[1] por las calles, como si fuera de paseo pero sabiendo que voy en una dirección predeterminada, pienso en cuántos otros hombres habrá en este Santiago maloliente[2] que ahora realizan el mismo viaje. La avenida ancha, la rotonda, las calles laterales, y el auto bien peinado y obediente me conducen sin sobresaltos[3]. Ni un latido[4] de más, ni un rictus.

10      Todo fluye en armonía. La marcha se suaviza, el motor apenas se deja oír cuando disminuyo la velocidad frente a tu puerta. El panorama se me ofrece calmo. A veces estás, a veces no. Jamás tiene importancia. Siempre serás lejana[5], siempre ajena[6]. Pero el rito se lleva a cabo sin titubeos[7] ni cavilaciones[8]. Lo cumplo responsablemente como si me hubiese sido impuesto, como si la magia operara bajo designios inapelables[9]. Y nada se triza[10], nada muere ni resucita. Y soy, somos, títeres ciegos que nunca ven al manipulador.

     Todo se repite como la luz contra los prismas de un
20 caleidoscopio y no sólo eres tú, sino también tú —la otra— la sustituta, quien es observada por el crudo centelleo[11] de mis focos[12]. Horadan sombras, perfilan dentelladas[13] sobre los costrosos[14] arbustos[15] de tu antejardín que cambian de color y las enredaderas pierden su frágil densidad. Y tú, dentro de la casa, hagas lo que hagas, intuyes que afuera alguien acecha[16]. Acecho.

---

[1] vagar: andar
[2] maloliente: con olor desagradable
[3] sobresaltos: sorpresas
[4] latido: golpe del corazón
[5] lejana: a gran distancia
[6] ajena: que pertenece a otro
[7] titubeos: dudas
[8] cavilaciones: reflexiones
[9] inapelables: irremediables
[10] trizarse: destruirse
[11] centelleo: brillo
[12] focos: luces de un coche
[13] dentelladas: *bitten; jagged profile or outline of the bushes in shadows*
[14] costrosos: *scaly, sharp*
[15] arbustos: plantas grandes
[16] acechar: vigilar

Y no es que te necesite ya como solía[17]. No me haces tanta falta. Es sólo que la obsesiva repetición de ciertos actos a los que me he condicionado, parece ordenar mi vida dándole la

30    continuidad que a veces me abandona. Así me obligo a regresar en pos de ti ciertos días, a la misma hora, cuando tengo la certeza de que no vas a descubrirme. Aunque a veces pienso que de algún modo sabes que estoy cerca, en el afuera, al acecho de cada ampolleta[18] que enciendes, de cada puerta que abres.

Conozco todos los rincones[19] de tu casa sin haber entrado jamás, pero la planta arquitectónica la llevo grabada[20] en mi cerebro. Sé cuál es tu dormitorio —ése que compartes con el otro—, sé dónde acostumbras a refugiarte para leer con tranquilidad en las noches de insomnio. Desde mi escondite en

40    la calle, diviso la luz difusa tras la cortina suave color canela[21]. Te imagino recostada en un pequeño sillón, cerca de la ventana, con las piernas recogidas[22], envuelta en una larga bata azul, o verde, para hacer juego con el color cambiante de tus ojos —atiendes a esos detalles con esa deliberada coquetería que me trastorna[23]— y hojeas[24] dos o tres libros a la vez, sin decidirte por ninguno. Probablemente hasta pienses en mí, hasta me añores[25], como se añoran los viejos objetos que una vez amamos pero que se perdieron o desecharon en alguna limpieza radical. Parece que no conoces mi persistencia, o tal vez no la recuerdes.

50    No imaginas que yo sigo cercano, cercándote, rondando[26] a tu alrededor, custodiando lo que alguna vez fue mío. Aunque para mí, todavía me perteneces, porque la distancia es sólo aparente.

No acepto tu abandono lleno de palabras sin sentido, esa despedida absurda llena de explicaciones del debo y no debo, que me sonaron como disparos nocturnos, lejanos, sin conexión alguna con nosotros, tú-yo, los amantes, los reconocidos, los trastornados por la misma locura.

Fue como si de pronto cerraras las puertas de tu fortaleza, como si un vago estremecimiento te recordara que los inviernos

60    existen y que hay que recogerse en el hogar-útero-reino impenetrable de todas las mujeres. Es allí donde pierdo mi

---

[17] soler: acostumbrar
[18] ampolleta: bombilla
[19] rincones: *corners*
[20] grabada: escrita
[21] canela: color marrón
[22] recogidas: *curled up*

[23] trastornar: perturbar
[24] hojear: pasar las páginas rápidamente
[25] añorar: recordar con pena
[26] rondar: vigilar

lugar. Allí me sobrepasan y me borran tus íntimos afectos, aquellos cuyo derecho a ti no puedo impedir. Y nada de lo que yo diga o haga será suficiente para arrancarte de ellos.

Si examino la situación, compruebo una vez más la relativa importancia de las cosas. Soy un hombre solo. Siempre seré un hombre solo. A veces entorpezco[27], a veces me traicionan mis deseos y caigo en fantasías comunicativas o amorosas, pero luego recupero la certeza de la soledad. Y no me quejo. Es lo que
70 me conviene, es lo que quiero. Sólo que hay noches en que mi urgencia de ti avasalla todo razonamiento y tengo que salir a espiarte desde la sombra.

Controlo hasta los más insignificantes detalles de tus rutinas hogareñas: un auto, dos autos en el garaje, una bicicleta, dos bicicletas, tres bicicletas abandonadas sobre el pasto[28]. Hasta puedo sentir los olores de tu cocina cuando bajo la ventanilla de mi vehículo: cuando cocinas mariscos, me invaden las nostalgias —contigo aprendí a prepararlos y a comerlos.

Detengo el motor y apago mis focos, para no llamar la
80 atención. Debo suponer que él sospechó alguna vez, y quizás lo haga todavía. Nadie que te conozca lo suficiente podría obviar el brillo excesivo de tu mirada, ni el misterioso secreto de tu sonrisa indisimulable, al regresar después de habernos encontrado.

A veces diviso tu sombra que sube la escalera, después prendes luces en el segundo piso. Es la hora de dormir. Recorres las habitaciones de tus hijos; las luces cambian. El tiempo de espera es tan largo como el viaje del condenado hasta el paredón. Luego sólo queda la luz de tu dormitorio.

90 La casa enmudece[29]. Se apagan las luces exteriores, el jardín pierde todos los relieves y la espesura de los árboles ennegrece adelantando sus tentáculos hacia la calle.

Tu dormitorio permanece iluminado apenas por la pequeña luz del velador. Reconozco que ha llegado la hora de huir[30]. Aguardo un par de segundos todavía, hasta que veo tu mano pulsando el pequeño botón que me introduce en la negrura del juicio final.

No puedo permanecer allí ni un solo instante más. Lo que ocurra después no quiero saberlo. No quiero adivinarlo.

---

[27] entorpecer: dificultar      [29] enmudecer: callar
[28] pasto: hierba/césped      [30] huir: salir rápidamente

100 Pertenece a tu mundo del adentro, prohibido para mí. Sin embargo me cuesta casi la vida apartar esas visiones que me agobian[31] en la soledad, esos suspiros que no quiero oír, todos los ardores, todas las caricias que me son ajenas.

Emprendo la marcha de a poco, con la complicidad de mi motor recién afinado, aunque, si estás atenta, sabrás que soy yo el que se aleja penumbroso, yo el condenado a repetir el rito del acecho eternamente desde afuera, el que ha perdido la partida una vez más.

## Lectura literaria

1. ¿Quién es el narrador?

2. A veces el narrador parece negar su libertad de acción (me dejo llevar, etc.); otras veces él mismo implica que está en control de la situación. Haga una lista de ejemplos mientras lee y explique cómo esta situación paradójica contribuye al tono amenazante del cuento.

3. ¿Por qué el narrador habla de un rito?

4. Busque la definición de los siguientes tropos o figuras literarias y empareje la frase del texto con el tropo que la frase ejemplifica.

    a. personificación  1. todo se repite <u>como</u> la luz contra los prismas de un caleidoscopio

    b. hipérbaton   2. ... <u>a</u>fuera <u>a</u>lguien <u>a</u>cecha. <u>A</u>cecho.

    c. símil     3. Testigo es la noche de mi padecer

    d. aliteración   4. ... el auto <u>bien peinado</u> y <u>obediente</u>

    e. hipérbole   5. ... la planta arquitectónica la llevo <u>grabada en mi cerebro</u>

5. Por todo el cuento hay referencias a varias luces, a la falta de luz y a las sombras. Encuentre algunos ejemplos y explique cómo contribuye este lenguaje al cuento.

---

[31] agobiar: molestar

6. A veces el narrador describe su situación como la de una prisión, de una religión o de un juego. Estas situaciones no son parecidas normalmente. Encuentre las referencias y explique qué nos dicen de su estado mental.

7. Describa con sus propias palabras los fragmentos a continuación y explique por qué llaman la atención las frases subrayadas.

   a. La avenida ancha, la rotonda, las calles laterales, y el <u>auto bien peinado y obediente me conducen</u> sin sobresaltos.

   b. <u>Horadan sombras</u>, perfilan <u>dentelladas</u> sobre los costrosos arbustos de tu antejardín.

   c. Hay que recogerse en el <u>hogar-útero-reino</u> impenetrable <u>de todas las mujeres</u>.

   d. El tiempo de espera es <u>tan largo como el viaje del condenado hasta el paredón</u>.

   e. <u>La espesura de los árboles ennegrece adelantando sus tentáculos hacia la calle</u>.

   f. Veo tu mano pulsando <u>el pequeño botón que me introduce en la negrura del juicio final</u>.

8. El título del cuento sugiere que por la noche alguien padece. Explique de qué manera diferente padecen el acecho el hombre y la mujer.

## Más allá de la ficción

A. Actividades de redacción

1. Imagine que la mujer escribe en su diario su reacción al acecho.

2. Imagine que Ud. es un/a policía y escriba una entrevista con el hombre/narrador.

3. El narrador visita a un psicólogo. Escriba un diálogo entre los dos.

4. Una noche el acecho termina. Escriba el final.

B. Temas para el debate

1. a. Los que acechan son peligrosos. Deben ir a la prisión.

   b. Si no hacen ningún daño físico estas personas son inofensivas y no debemos hacerles caso.

2. a. Es mejor que dos personas en una pareja sean diferentes para que haya variedad.

   b. Es mejor que dos personas en una pareja tengan personalidades semejantes para que no haya discrepancias.

3. a. El exhibicionismo es un aspecto psicológico de la mujer

   b. El exhibicionismo no es un aspecto psicológico de la mujer.

C. Temas para conversar en grupos y discutir en clase

1. La obsesión amorosa puede manifestarse de varias maneras. Describan algunas variedades.

2. La publicidad (de perfumes, de jeans por ejemplo) a veces nos sugiere que la obsesión es atractiva. Den ejemplos y coméntenlos.

3. Discutan lo que la víctima de un acecho puede hacer.

4. ¿Es posible enseñarles a los jóvenes reacciones más saludables a la pérdida de una pareja? Discutan.

# 9
# Sobreviviente
de José Alberto Bravo de Rueda

## Conozcamos al autor

## BIOGRAFÍA

José Alberto Bravo de Rueda nació en Lima, Perú, en 1956. Obtuvo la Licenciatura en Lingüística y Literatura en la Universidad Católica. En su país trabajó en la docencia a nivel de educación secundaria y universitaria. También colaboró en diversos suplementos literarios. En 1989 viajó a los Estados Unidos para proseguir estudios de Maestría y Doctorado en la Universidad de Maryland. Ha colaborado en diversos órganos periodísticos latinos en el área de Washington D.C. Actualmente, enseña en el Departamento de Lenguas Extranjeras de North Carolina A&T State University.

Ha publicado la novela *Hacia el Sur* (College Park: La Yapa, 1992) y el libro de cuentos *El hombre de la máscara* (Lima: APJP, 1994), con el cual obtuvo el Primer Premio del Concurso Literario de la Asociación Peruano-Japonesa de 1993. "Sobreviviente" pertenece a *El hombre de la máscara*.

# ENTREVISTA CON EL AUTOR

*¿Cuál es su visión del ser humano?*

La pregunta es compleja y, en realidad, no estoy seguro de la respuesta. La visión que se aporta en "Sobreviviente" no coincide del todo con *mi* visión. Personalmente, creo tener algo de esperanza en la humanidad, aunque los acontecimientos que a diario ocurren en el mundo me hagan pensar lo contrario.

*¿Qué le motivó a escribir este cuento? ¿Cuándo lo escribió?*

Obviamente, la visión que "Sobreviviente" propone del ser humano es totalmente negativa. El cuento postula que el ser humano destruye la menor posibilidad de lograr su felicidad. Esto constituye un acto absurdo, incluso estúpido y, respecto a esto, espero estar equivocado. Como dije antes, tengo algo de esperanza en el futuro de la humanidad.

*¿Qué autores lo han influido a usted en su escritura?*

Llegué a la literatura por Gabriel García Márquez y Julio Cortázar: al leerlos me dio la impresión de que escribir era fácil. En "Sobreviviente" percibo la influencia no sólo de la literatura de ciencia ficción, sino también de las películas, principalmente *El planeta de los simios* y *Al día siguiente*. Autores como Edgar Allan Poe, Jorge Luis Borges, Guy de Maupassant, Horacio Quiroga, entre otros, son imprescindibles para la técnica del cuento.

*¿Qué papel juegan en su narrativa los sueños, las obsesiones, la soledad y la violencia?*

Son temas centrales, se aprecian tanto en los cuentos de *El hombre de la máscara* como en la novela *Hacia el Sur*. Siempre me ha interesado profundizar en la sicología del ser humano, de aquí mi interés por los sueños, las obsesiones y la soledad. En soledad se piensan cosas que no se piensan estando en compañía. Respecto a los sueños, éstos forman parte de nuestra vida, de nuestra realidad. En cuanto a la violencia, ésta nos acompaña desde el momento en que nacemos. Una de nuestras primeras sensaciones es un palmazo en las nalgas. Con la violencia se expresa de forma constante nuestro aspecto irracional.

*Su país natal, Perú, no se menciona explícitamente en ninguno de sus cuentos. ¿A qué se debe esta omisión?*

En los cuentos, esto es absolutamente cierto, pero no así en la novela *Hacia el Sur*. Esto se debe, quizás, a que el cuento, por su brevedad, no me permite plantear una problemática tan compleja como la que atraviesa mi país, la que se hace extensiva a todos los países en desarrollo. Parece que, inconscientemente, en los cuentos tiendo a exponer una situación común al ser humano, por encima de fronteras nacionales.

By Kimberly Varnadoe

## Ejercicios de prelectura

A. Descripción detallada de la ilustración

B. Asuntos para discutir más allá de la ilustración

1. ¿Qué película(s) ha visto usted donde se muestra una explosión nuclear?

2. ¿Qué paisajes se ven en esa(s) película(s)?

3. ¿En qué condiciones viven los sobrevivientes de esas explosiones nucleares?

4. ¿Recuerda usted alguna explosión nuclear que haya ocurrido realmente?

5. ¿Cree usted que hay riesgo nuclear ahora? ¿Por qué o por qué no?

6. ¿Es posible prevenir una explosión nuclear? ¿Cómo?

7. ¿Cuáles eran los riesgos de una explosión nuclear durante la "guerra fría"?

8. ¿Por qué utilizan algunos países energía nuclear y otros no?

C. Relaciones personales

¿Es usted celoso/a? ¿Cree usted que los celos son beneficiosos o perjudiciales para una relación? Dé ejemplos.

D. Palabras y estructuras claves

1. Averigüe el significado de las palabras de la lista siguiente. Luego describa qué sentimientos o ideas le evoca cada palabra:

a. ruinas

b. refugio

c. desolación

d. caos

e. escombros

2. En el cuento que usted va a leer, el autor describe personajes y situaciones de un modo hipotético, usando la estructura **como si**. Por ejemplo:

MODELO: "Clara se abrazaba a él **como si temiera** quedarse completamente sola".

Repase el imperfecto y el pluscuamperfecto del subjuntivo después de **como si** y complete las siguientes oraciones con cinco verbos diferentes:

a. El hombre deambulaba por la ciudad como si
_____.

b. La mujer zigzagueaba como si _____.

c. El refugio apestaba como si _____.

d. Clara devoró las tabletas como si _____.

e. Ella lo abrazó con miedo como si _____.

3. Mire el título del cuento que usted va a leer a continuación. Contrástelo con la ilustración que aparece al principio. ¿Qué le sugiere este contraste? Enumere fenómenos y peligros que pueden colaborar en la extinción de la vida en el planeta. ¿Sabe usted de algunas especies que ya sse extinguieron? ¿Conoce algunas hipótesis sobre cómo se extinguieron?

4. Teniendo en cuenta el título y la ilustración, así como el vocabulario que ha ampliado en las actividades de prelectura, proponga algunas temas que puedan aparecer en el cuento que va a leer.

## Guía de lectura

Busque las respuestas a las siguientes preguntas mientras lee el cuento.

1. ¿Qué tipo de catástrofe narra este cuento?

2. ¿Cómo es el mundo después de este suceso? Descríbalo, anotando algunas expresiones que utiliza el narrador.

3. ¿Por dónde camina el personaje del cuento?

4. ¿A quiénes busca el personaje del cuento? ¿Por qué los busca?

5. ¿Cómo se siente el personaje?

6. ¿Dónde vive el hombre?

7. ¿Qué piensa el personaje de su refugio?

8. ¿Por qué compara la ciudad con un cementerio?

9. ¿Qué o a quién vio de repente el personaje de este cuento?

10. ¿De dónde viene ella?

11. ¿Cómo reacciona la mujer ante el refugio?

12. ¿A quién busca la muchacha?

13. ¿Qué tipo de relación empieza a desarrollarse entre el hombre y la mujer?

14. ¿Qué sueños tiene Clara?

15. ¿Qué le anuncia Clara al hombre?

16. ¿Cómo cambian el hombre y la mujer con el paso del tiempo?

17. ¿Por qué sale Clara del refugio? ¿Qué busca?

18. ¿Por qué teme el hombre que Clara salga del refugio?

19. Al final del cuento, ¿por qué se siente el hombre terriblemente solo?

# Sobreviviente

¿Cuánto tiempo ha pasado desde la última explosión? Con los relojes parados y el cielo a oscuras es imposible decirlo. A veces parecen oírse risas, gritos, murmullos, pero no hay ningún sonido: son recuerdos. Como si el presente estuviera hecho de recuerdos: de árboles, de agua corriente, de aves. El presente es sólo recuerdos y calor. Calor ... A lo lejos el intenso resplandor de un gigantesco incendio. Quizás pronto ...

No ... No debe pensar así. Pero no se veía nada: jirones[1] de niebla, fantasmas de humo a veces iluminados por una
10 explosión del aire. Como estar en un desierto sin sol, en una noche artificial interminable.

Formas de animales o de niños se intuían contra los muros[2] demolidos, entre los escombros[3] y el polvo y la ceniza[4] que mueve el viento, como fotografiados por la onda expansiva[5]. ¿Dónde están los otros? Los que como él buscan otros como él. Cansados de estar solos ¿cuánto tiempo? Aburridos de sí mismos, histéricos, desesperados. Como él que deambula[6] por este residuo de ciudad de ruinas humeantes, de olor a carne química, a sangre ácida y leche podrida. De cabellos que flotan
20 en los marcos de puertas y ventanas. De ...

Mejor volver al refugio, al cubo de claustrofobia. ¿Pero no es igual que acá? ¿No es igual en cualquier parte? Y si el refugio lo había salvado inicialmente, luego se convirtió en prisión insoportable, enterrado en vida. Y ahora que caminaba era como hacerlo por un cementerio gigante en el que los vivos penaban.

Se detuvo. Permaneció inmóvil sin saber si regresar al refugio o continuar entre las ruinas humeantes. Casi no podía respirar: la angustia, la atmósfera pesada. Qué extraño sentir la soledad absoluta, sin esperanza, sin nadie en quien reflejarse, mirarse a
30 sí mismo.

A lo lejos divisó[7] una silueta. Se dirigía a él zigzagueando, luchando por el equilibrio con la embriaguez[8]. Pensó que era un

---

[1] jirones: *shreds*
[2] muro: pared
[3] escombros: *rubble*
[4] cenizas: *ashes*
[5] onda expansiva: *shock wave*

[6] deambular: caminar sin rumbo o sin dirección
[7] divisar: ver
[8] embriaguez: vértigo

espejismo[9], que iba creciendo ante sus ojos, y entonces corrió desesperado para que no desapareciera, para hacer que el sueño deje de ser sueño o para integrarse y ser parte de él. Ser sueño también él.

Faltaba todavía un trecho[10] cuando vio que era una muchacha; entonces sintió felicidad, impaciencia, nervios, deseo, desconcierto, temor.

40     —Tú no eres Julio —dijo ella decepcionada[11], apenas lo vio, y siguió caminando, sin rumbo fijo, casi en círculos.

—¡Eh ... espera! —pudo decir, luego de la sorpresa inicial.

—¡Julio, Julio! —gritaba ella.

Él la sujetó de los hombros.

—¡Déjame!

—¡Cálmate!

—¡Julio! ¡La granja[12]! ¡Caty! ¡Las zanahorias!

La golpeó en el rostro y ella quedó en silencio, mirando el horizonte con expresión absurda. Luego lo abrazó. Los dos

50 lloraron despacio, con calma, sin angustia sino como un desahogo[13], como riéndose.

✳✳✳

—Apesta[14] —dijo ella al entrar al refugio.

Tenía razón, pero él había dejado de notarlo. Adentro espolvoreó[15] la cal[16]. Se lavó las manos y trajo jugo concentrado y vitaminas.

Ella seguía en el centro de la pieza, de pie, como temiendo ensuciarse o contaminarse con algo. Ignoró sus tabletas de alimento y luego de mirarlo, de no reconocerlo, le preguntó:

—¿Dónde está Julio?

60 "Muerto", pensó decir, "como todos". Pero pudo controlarse.

Observó su rostro y descubrió que era bonita, a pesar de haber perdido pelo; muy joven, hasta hace poco una niña.

---

[9] espejismo: *mirage*
[10] trecho: porción de camino
[11] decepcionada: desilusionada
[12] granja: *farm*

[13] desahogo: alivio
[14] apestar: tener mal olor
[15] espolvorear: quitar al polvo
[16] cal: *lime*

—Duerme —le dijo, señalando la angosta[17] litera[18]—. Debes descansar.

Ella hizo un gesto de repugnancia y se abrazó a sí misma, como protegiéndose. Miró a su alrededor y vio sacos de arena, balones de oxígeno, aparatos inservibles, trajes de hule[19], un casco de astronauta. Las paredes goteaban aceite y de ellas venía el hedor[20]. El techo bajo parecía de ratonera.

70        ¿Cuánto tiempo había pasado él allí? Y ella ya quería irse.

Empezó a ascender la escalera, trató de alzar[21] la escotilla[22], pero estaba muy dura, o quizás ella muy débil.

—Ábrela —dijo.

—No hay nadie afuera ... Nada ...

—¡No es cierto! —dijo lastimándose las manos, tratando de abrirla.

Él la dejó ir y ella echó a caminar sin rumbo[23], en círculos.

¿Cuánto tiempo pasó desde que se fue? Con los relojes parados y el cielo a oscuras es imposible decirlo. Es un cielo de
80    plástico, sin sol ni estrellas. Y su cuerpo tenía el metabolismo alterado, a veces comía a cada momento, otras no probaba bocado por un período indefinidamente largo. Así era imposible calcular el paso del tiempo. Pero él sabía que tendría que regresar. Por eso no se sorprendió cuando unos golpes metálicos le interrumpieron el sueño. Era ella, hambrienta como un náufrago, muerta de sed, sucia de sudor y de ceniza.

Devoró las tabletas y el alimento en pasta, y bebió con avidez el agua con sabor a hojalata[24]. Luego lo miró y dijo:

—Fue horrible. Una tremenda explosión en mi cabeza. De
90    pronto el fuego nació de la nada, en el aire, en todas partes. Las vacas se derritieron[25] como si fueran de cera. Debí desmayarme porque al despertar él me llevaba en brazos. Me encerró en el sótano con el trigo, el maíz ... ¿Y Caty? ¡Caty, Caty! Dentro el cielo siguió derrumbándose[26]. Un hacha[27] invisible me golpeó el

---

[17] angosta: reducida
[18] litera: cama pequeña
[19] hule: plástico
[20] hedor: mal olor
[21] alzar: levantar
[22] escotilla: *hatch*

[23] sin rumbo: sin dirección definida
[24] hojalata: *tin*
[25] derretirse: pasar de sólido a líquido
[26] derrumbarse: caerse
[27] hacha: *ax*

cráneo. La granja … Las zanahorias … Varias veces me volví a desmayar …

"Increíble", pensó él. "Una probabilidad entre millones".

Y luego su mente se proyectó como un caballo ebrio[28], ya hacia senderos[29] límpidos, ya hacia barrancos[30] escabrosos[31].

✲✲✲

100     Su cuerpo era suave y firme a la vez, con esa textura desconocida o tal vez olvidada que podía vencer el miedo a la muerte. El tiempo de la angustia había terminado. Aún la oscuridad plástica cubría el cielo, pero ya no se filtraba en su organismo, con dolores de cabeza o trastornos[32] estomacales. Dormirse junto a ella, despertarse a su lado, eran actos rituales en los que todo el planeta comenzaba a recobrar la armonía perdida, en que las heridas de la atmósfera empezaban a cicatrizar[33].

    Clara se abrazaba a él como si temiera quedarse
110  completamente sola. A veces despertaba con un grito, empapada[34] en sudor, devorada por una pesadilla[35]. Y él gozaba de veras calmándola, espantando sus fantasmas, haciéndola dormir.

    Clara no era su verdadero nombre. Ella era otra mujer, decía, distinta a la de antes de la explosión; por eso necesitaba otro nombre: Clara: como la luz, transparente, igual que el agua. El nunca supo su verdadero nombre.

    A veces, despierta, ella se entristecía al pensar en la situación. No sabía a quién culpar. ¿A los jefes de gobierno? ¿A los
120  militares? Tantas palabras, tantos tratados y promesas de paz. Lo echaron todo a perder, lo arruinaron todo.

    Él también la consolaba durante esas pesadillas que la atacaban en la vigilia[36].

    —Somos privilegiados —decía—. Somos los elegidos. Una nueva raza depende de nosotros. La humanidad del futuro. Una

---

[28] ebrio: borracho
[29] senderos: caminos
[30] barrancos: *ravines*
[31] escabrosos: peligrosos
[32] trastornos: problemas

[33] cicatrizar: cerrarse una herida
[34] empapada: muy mojada
[35] pesadilla: sueño que produce terror
[36] vigilia: insomnio

casta de superhombres, de semidioses. No cometeremos los errores del pasado. El mundo es para los dos. Tenemos que empezar todo de nuevo.

—¿Tú y yo?

130 —Tú y yo.

—No. Es imposible que sólo hayamos sobrevivido nosotros. Debe haber muchos más ... En otras ciudades ... en otros países.

Él recordó haber leído sobre sectas religiosas que tenían refugios antinucleares en el desierto de Nevada. Además de cientos de individuos —como él—, tal vez miles. No dijo nada. Le entusiasmaba la idea de ser el patriarca. El germen de la nueva humanidad.

—Estamos solos —dijo—. Tú y yo.

Entonces ella lo abrazaba con miedo de perderlo, de quedarse
140 absolutamente sola en ese mundo hostil, sin árboles, sin animales, sin estrellas.

En esos momentos él era verdaderamente feliz.

✳✳✳

Una vez la pesadilla fue brutal. Clara despertó gritando, defendiéndose de un enemigo invisible, los nervios destrozados y mojada en sudor.

Él la tranquilizó como siempre, pero sus gritos le habían contagiado la pesadilla. No era la primera vez que ella pronunciaba ese nombre en sueños, aunque ya no lo hacía cuando estaba despierta. Él había guardado la pregunta durante
150 mucho tiempo, pero ya no pudo resistir:

—¿Quién es Julio?

Ella se encogió de hombros, en silencio.

—¿Quién es Julio?

—Me haces doler ...

Le soltó el brazo, pero siguió interrogándola con la mirada. Ella se mordió los labios. Lo miró con expresión culpable. Suspiró y permaneció callada. Parecía que nunca más iba a volver a hablar, como si se hubiese quedado muda para siempre.

—Mi esposo —dijo de pronto—. Julio es mi esposo.

160     Él creyó que las explosiones continuaban. Los ojos casi le lagrimean; el aire no llegaba a sus pulmones; algo le apretaba las sienes[37] con una presión insoportable.

—¿Cómo?

—Mi esposo —repitió ella.

¿Parecía que estaba a punto de llorar, o sólo era una ilusión producida por la escasa luz?

—¿Y quién es Caty?

—Mi hermana —dijo, cubriéndose con la cobija[38], cerrando los ojos, cansada de preguntas.

170     Pero él ya no pudo dormir. Algo impreciso lo incomodaba, una pieza extraña en el rompecabezas[39], un detalle fuera de lugar. ¿Qué? No podía decirlo. Su mente daba vueltas como el caballo de un carrusel. Incapaz de soportar la duda, terminó por despertarla.

—¿Hace cuánto tiempo? —preguntó.

—¿Qué?

—¿Hace cuánto tiempo que Julio es tu esposo?

—Ya no es mi esposo —dijo—. Ahora tú eres mi esposo.

—Pero hace cuánto tiempo que ...

180     —No preguntes. No es importante. No interesa.

—¿Cuántos ...?

—Soy una mujer.

✳✳✳

¿Y cuánto tiempo pasó desde esa conversación de pesadilla? Con los relojes parados y el cielo a oscuras es imposible decirlo. Pero si el paso del tiempo volvía cada vez más alegre y optimista a Clara, no ocurría lo mismo con él. Un reptil contaminaba sus pensamientos. Algo indefinido lo ataba tercamente[40] al pasado oscuro, desconocido, y le impedía proyectarse al porvenir[41], igualmente oscuro y desconocido. Se

190     empeñaba en saber lo inalcanzable, lo imposible; y esa impotencia lo sumía en la inquietud y el mal humor.

---

[37] sienes: *temples*
[38] cobija: manta, algo para no tener frío en la cama

[39] rompecabezas: *puzzle*
[40] tercamente: obstinadamente
[41] porvenir: futuro

Una vez preguntó, convencido de la sinceridad de sus intenciones:

—¿Me quieres?

Ella rio. Veía en la pregunta cierta ansiedad infantil.

—Contesta.

—Sí —dijo—. Te quiero.

—No entiendes —dijo él—. Dices que me quieres porque soy el único a quien puedes querer. Si hubiera miles, millones de 200 hombres, ¿me querrías igual?

Ella guardó silencio, pensando. Era mejor dejar atrás los recuerdos, olvidar el pasado y optar por el futuro.

—Sí —dijo—. Te querría igual.

Pero esta respuesta lo intranquilizó aún más. Tenía miedo de perderla. De que alguien viniera y se la llevara lejos, para siempre.

***

Sus angustias se calmaron cuando ella anunció estar embarazada[42]. Ese mismo día salió el sol y después llovió. Abandonaron el refugio como animales en estampida y vieron 210 que el cielo empezaba a abrirse; el sol, aún tímido, apenas calentaba sus cuerpos, pero era suficiente para embriagarlos con esa sensación tan antigua en que los poros se abren y la sangre circula más rápido.

Riendo como locos se abrazaron, se besaron, se tocaron en medio de esa tierra que poco a poco regresaba de la muerte, conmovida por la aparición del sol.

Luego, cuando otra vez oscureció, cuando la noche natural reemplazó a la de plástico, empezó a llover. Primero en forma tímida, con residuos ácidos; luego torrentes de agua cristalina.

220 Al día siguiente descubrieron una brizna[43] de hierba. La vida reanudaba[44] su ciclo: en la tierra y en el vientre de Clara.

***

—¡Clara!, ¿dónde estás? ¡Clara!

---

[42] embarazada: esperando un bebé   [44] reanudar: comenzar nuevamente
[43] brizna: un poquito de

Había dormido mal, con un sueño intranquilo, y apenas abrió los ojos se percató[45] de su ausencia. Pensó encontrarla fuera del refugio, pero no se veía nada. Ni a lo lejos se divisaba su silueta. ¿Adónde podría haber ido? Lo terrible es que no había dónde ir. O quizás ...

Echó a correr desesperado, ciego por el pánico. La imaginó con Julio. La imaginó con otros sobrevivientes, ya cansada de él.

230 En un principio deambuló sin rumbo fijo, pero luego se encaminó hacia la ciudad arrasada[46], de restos aún humeantes. Fue ahí donde la encontró por primera vez. ¿Qué buscaría? ¿A quién?

No tardó en verla a lo lejos, sola, caminando despreocupada, como observando las galerías de inexistentes centros comerciales o saludando a seres invisibles. Estaba contenta, extrañamente contenta.

—¿Adónde fuiste?

Ella no dejó de sonreír. Quiso contestar, pero cientos de
240 palabras se amontonaron en su boca y no pudo pronunciar ninguna.

—¿Adónde fuiste?

—A buscar algo de comer.

—En el refugio hay.

—Estoy harta de[47] píldoras y de alimento en pasta. Quiero una manzana ... un tomate ...

—Sabes que es imposible encontrar algo así.

Entonces ella lo miró asustada, adivinando sus intenciones.

—¿Qué estás pensando? —preguntó, seria—. ¿Qué crees?

250 Él no pudo responder. Se sintió ridículo, incapaz de explicarse su reacción. Seguía actuando de acuerdo a una realidad que ya no existía, que jamás volvería a existir.

—Perdón —dijo, abrazándola.

*** 

Una semana después ocurrió exactamente lo mismo: despertó y no pudo encontrarla. Esperó tratando de ser paciente, luchando con la angustia y la preocupación. Esperó por horas,

---

[45] percatarse: darse cuenta de algo     [47] estar harto/a de: estar cansado/a de
[46] arrasada: destruida

pendiente del movimiento del sol, tratando de divisar su silueta en el horizonte.

Pero llegó un momento en que ya no pudo esperar más.

260 Empezó a caminar; después a correr. Sus pensamientos brotaban[48] caóticos, incoherentes. En medio de esta confusión una voz resonaba nítida[49]: "Es imposible que sólo hayamos sobrevivido nosotros".

Tenía razón. ¿Por qué se había engañado a sí mismo?

El recuerdo de las explosiones le hizo doler la cabeza. Una niebla densa empezó a nacer de sus párpados[50]. ¿Efectos de la radioactividad? Y la voz seguía resonando:

"Debe haber muchos más ...".

No la encontró entre los escombros de la ciudad. No la
270 encontró en las afueras. Gritó su nombre como pronunciando las palabras mágicas; como si convocara las fuerzas ocultas que desencadenan los milagros y anulan lo imposible.

Comprobó asustado que faltaba poco para el anochecer. Entonces la búsqueda se haría más difícil.

"¡La granja!", se dijo, en un instante de lucidez.

Volvió al lugar en que la vio por primera vez, y caminó en la dirección por donde ella vino. Aquel día se le antojaba[51] muy lejano, como en la prehistoria de su existencia. Caminó y caminó, no muy convencido de estar siguiendo el rumbo
280 correcto. Caminó y caminó. Desesperado. Loco.

Al fin la vio. Venía hacia él sin prisa, como queriendo prolongar el encuentro. En la preocupación de su cara él notó que algo andaba mal. Ya no lo quería. Iba a abandonarlo ...

Furioso se lanzó sobre ella y la arrojó[52] al suelo. Empezó a golpearla. Sus manos se cerraron sobre su cuello y apretaron[53], apretaron hasta que los dedos empezaron a ponerse morados.

Despertó como de un sueño. En una mano Clara tenía dos pequeñas zanahorias. La oscuridad era total y él quiso llorar, pero no pudo. Sólo pudo sentirse solo ... Asquerosamente[54]
290 solo ...

---

[48] brotar: salir
[49] nítida: clara
[50] párpados: piel que cubre los ojos
[51] se le antojaba: le parecía

[52] arrojar: tirar, expulsar, botar
[53] apretar: sujetar fuertemente
[54] asquerosamente: *disgustingly*

# Lectura literaria

1. ¿Qué sabe, qué ve y qué desconoce el narrador?

2. ¿Con qué personaje del cuento puede identificar usted el punto de vista del narrador? ¿Por qué? Explíquelo y documéntelo con citas del texto.

3. ¿Mediante qué tipo de narración se le comunica al lector la sensación de horror y desesperanza?

4. En este cuento, hay momentos en que la realidad parece ser un sueño. Explique la confusión sueño-realidad.

5. Este cuento presenta la idea de un posible nuevo principio del mundo, de otra génesis ¿Qué defectos impiden esta génesis?

6. Como lector, ¿se identifica usted con las ideas del hombre o de la mujer? Explique.

7. El hombre parece sobrevivir la explosión debido a un plan mientras que la mujer parece sobrevivirla accidentalmente. Explique la diferencia entre las reacciones y las decisiones que toman los personajes después de la explosión.

8. ¿Cómo se presenta la comida como tema?

9. ¿Cómo es la relación entre los dos protagonistas al principio y al final del cuento?

10. Describa los niveles de temporalidad implicados en la historia.

11. Explique la estructura circular del cuento. ¿Qué deseo satisface en el lector? ¿Conoce Ud. otros cuentos, novelas o películas con una estructura circular? Cuáles?

12. ¿Cómo interpreta el final del cuento?

13. Enumere los temas implicados en "Sobreviviente". Explique cómo se desarrollan en el cuento.

14. En los textos románticos el ambiente a veces refleja el estado de ánimo de los personajes. ¿Se ve un ejemplo en este cuento?

15. Teniendo presente la entrevista con el autor, ¿cómo puede relacionar usted la visión que Bravo de Rueda tiene del ser humano y "Sobreviviente"?

## Más allá de la ficción

A. Actividades de redacción

1. Describa cómo se imagina la tierra después de una explosión nuclear.

2. Escriba un final diferente para "Sobreviviente".

3. Escriba sobre las ventajas y desventajas del uso de la energía nuclear.

4. Imagine la primera vez que el ser humano pensó en construir una bomba. ¿Bajo qué circunstancias, cuándo y con qué fines la diseñó?

5. Haga una lista de actos, actitudes o situaciones que producen celos en una pareja.

B. Temas para el debate

1. a. El mundo es más seguro ahora que durante la guerra fría.

   b. El mundo es menos seguro ahora que durante la guerra fría.

2. a. Es saludable que en una pareja existan los celos.

   b. No es saludable que en una pareja existan los celos.

3. a. Es posible que el ser humano pueda ocasionar una catástrofe como la que se narra en "Sobreviviente".

   b. Es imposible que el ser humano ocasione una catástrofe como la que se narra en "Sobreviviente".

C. Temas para conversar en grupos de tres o cuatro y discutir en clase

1. Hagan una lista de diez cosas que ustedes pondrían en un refugio nuclear y justifiquen su selección.

2. Reconstruyan lo que posiblemente pasó antes de comenzar el cuento.

3. Especulen sobre cómo hubiera sido la vida del hombre al final del cuento.

4. Durante la década del 50 muchas familias construyeron "refugios" en sus casas. Ahora no es tan común. ¿Por qué hemos dejado de dar importancia a esta protección?

5. ¿Qué eventos pueden traer esperanza a una sociedad al borde de la extinción?

6. Discutan qué estructura y reglas establecerían ustedes para "una nueva sociedad" después de un desastre nuclear.

# 10
# No más amores
### de Javier Marías

## Conozcamos al autor

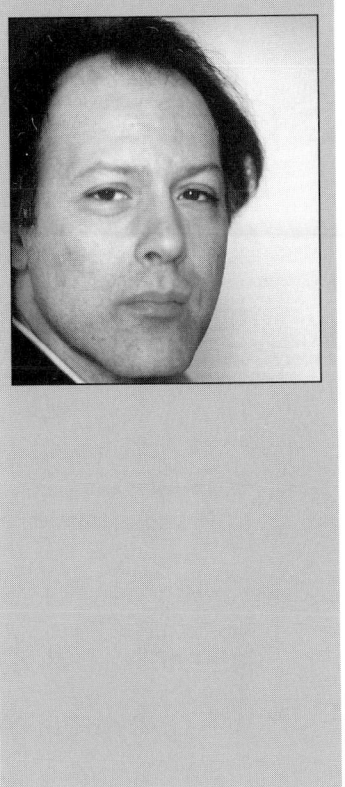

## BIOGRAFÍA

Javier Marías nació en Madrid en 1951. Algunas de sus novelas son: *Los dominios del lobo* (1971), *Travesía del horizonte* (1972), *Todas las almas* (1989, Premio Ciudad de Barcelona), *Corazón tan blanco* (1992, Premio de la Crítica, Prix L'Oeil et la Lettre, International IMPAC Dublin Literary Award) y *Mañana en la batalla piensa en mí* (1993, Premio Internacional de Novela Rómulo Gallegos, Premio Fastenrath, Premio Arzobispo Juan de San Clemente, Prix Fémina Etranger). Su última novela se titula *Negra espalda del tiempo*. Publicó dos colecciones de cuentos: *Mientras ellas duermen* (1990) y *Cuando fui mortal* (1996).

By Kimberly Varnadoe

*¿Cómo se ubicaría Ud. dentro de la tradición cuentística de España?*

No hay tal cosa como "tradición cuentística" en España, así que difícilmente podría "ubicarme" en una línea inexistente.

*¿Qué o quién le inspiró a empezar a escribir?*

Los libros leídos, como suele suceder.

*¿Quiénes son los escritores que más han influido en su obra?*

Demasiados para nombrarlos. Casi todo influye, hasta lo malo, porque uno procura alejarse de ello.

*¿Podría Ud. comentar el sabor decimonónico del cuento "No más amores"?*

No me toca a mí comentar mis textos. En todo caso, hay tanto sabor decimonónico como en 1947, por ejemplo.

## Ejercicios de prelectura

A.  Descripción detallada de la illustración

B.  Asuntos para discutir más allá de la ilustración

   1.  ¿Qué libros, películas o series de la tele conoce Ud. en que aparecen fantasmas, espectros o espíritus.

   2.  Mencione la apariencia de fantasmas en distintos géneros como el detectivesco, el drama, el misterio, la ciencia ficción, la aventura, el melodrama.

   3.  ¿Qué papel tiene el concepto del fantasma en la vida real?

C.  Relaciones personales

¿Cree Ud. en seres visibles del más allá? ¿Ha visto alguno?

D. Palabras y estructuras claves

1. Marque la palabra que más se acerque al significado de la(s) palabra(s) en negrilla.

   a. Esta anciana, en su juventud, había sido señorita de compañía de otra mujer mayor y **adinerada** a quien le leía novelas en voz alta.

   ___ rica        ___ maleducada     ___ trabajadora

   b. Su **rostro** era inofensivo, con una tímida sonrisa perpetua en los ojos burlones.

   ___ cabeza        ___ cara        ___ cabello

   c. El joven no **rondaba** por la casa ni se aparecía en ningún otro instante.

   ___ cuidaba        ___ gritaba        ___ andaba

   d. Molly Muir quería mucho al muchacho y lo último que deseaba era **enfadarlo.**

   ___ enojarlo        ___ quererlo        ___ leerlo

   e. A Molly Muir le gustaba mucho leer y esperaba con **avidez** nuevas historias de Sherlock Holmes ...

   ___ mucho interés    ___ aburrimiento    ___ indiferencia

   f. Tú no envejeces y por eso tienes la cara **tersa** y luminosa.

   ___ arrugada        ___ con pecas        ___ suave

2. Describa qué sentimientos o ideas le evocan las siguientes palabras:

   a. viudez

   b. hastío

   c. desengaño

   d. luto

   e. nostalgia

3. Escriba cinco oraciones usando las palabras de la lista anterior.

4. En el cuento que sigue, Ud. va a ver el uso del imperfecto del subjuntivo. Complete cada oración con la forma correcta del verbo entre paréntesis y explique por qué se necesita este modo en cada oración.

   a. De vez en cuando la señora le pedía a Molly Muir que (repetir) ...

b. El joven se llevó el índice a los labios y le hizo tranquilizadoras señas para que (ella) (continuar) ...

c. Molly Muir leyó para su señora y también para el joven sin que (él) (darse cuenta) ...

d. Molly Muir pensó en la posibilidad de que (el muchacho) (ser) ...

e. La joven buscaba con dedicación nuevos textos que (poder) ...

## Guía de lectura

1. ¿Cómo son los fantasmas según el narrador y quiénes han estudiado su relación con los mortales?

2. ¿Dónde y cuándo tiene lugar el relato?

3. ¿Por qué era conocido Lamb House?

4. ¿Quién era Molly Morgan Muir y qué hacía para la mujer mayor?

5. ¿Qué le había ocurrido a la Sra. Cromer-Blake en el pasado?

6. ¿Cómo reaccionaba la Sra. Cromer-Blake a la lectura de cada día?

7. Describa al joven fantasma que empezaba a aparecer.

8. ¿Qué hacía Molly Morgan Muir cuando vio el fantasma?

9. ¿Sabía la Sra. Cromer-Blake que estaba allí? Explique.

10. ¿Cómo se explicaba Molly Morgan Muir la presencia del fantasma? ¿Por qué no le hablaba?

11. ¿Cómo cambió la situación cuando murió la Sra. Cromer-Blake?

12. Cuando reapareció el fantasma, ¿qué nuevo papel estaba desempeñando?

13. ¿Cómo se sentía Molly Morgan Muir cuando desapareció el joven fantasma? ¿Qué señal le dejó a ella?

14. ¿Qué le pidió Molly Morgan Muir al joven y qué pacto hicieron los dos?

# No más amores

Es muy posible que los fantasmas, si es que aún existen, tengan por criterio contravenir los deseos de los inquilinos[1] mortales, apareciendo si su presencia no es bien recibida y escondiéndose si se los espera y reclama. Aunque a veces se ha llegado a algunos pactos, como se sabe gracias a la documentación acumulada por Lord Halifax y Lord Rymer en los años treinta.

Uno de los casos más modestos y conmovedores[2] es el de una anciana de la localidad de Rye, hacia 1910: un lugar propicio para este tipo de relaciones imperecederas[3], ya que en él y en la
10     misma casa, Lamb House, vivieron durante algunos años Henry James y Edward Frederic Benson (cada uno por su lado y en períodos distintos, y el segundo llegó a ser alcalde[4]), dos de los escritores que más y mejor se han ocupado de tales visitas y esperas, o quizá nostalgias. Esta anciana, en su juventud (Molly Morgan Muir era su nombre), había sido señorita de compañía de otra mujer mayor y adinerada a quien, entre otros servicios prestados, leía novelas en voz alta para disipar el tedio de su falta de necesidades y de una viudez[5] temprana para la que no había habido remedio: la señora Cromer-Blake había sufrido
20     algún desengaño[6] ilícito tras su breve matrimonio según se decía en el pueblo, y eso seguramente —más que la muerte del marido poco o nada memorable— la había hecho áspera[7] y reconcentrada[8] a una edad en que esas características en una mujer ya no pueden resultar intrigantes ni todavía objeto de broma y entrañables[9]. El hastío[10] la llevaba a ser tan perezosa que difícilmente era capaz de leer por sí sola y en silencio y a solas, de ahí que exigiera[11] de su acompañante que le transmitiera en voz alta las aventuras y los sentimientos que cada día que ella cumplía —y los cumplía muy rápida y

---

[1] inquilinos: personas que alquilan una casa
[2] conmovedores: que producen compasión
[3] imperecederas: que no mueren
[4] alcalde: persona que gobierna un pueblo o ciudad
[5] viudez: estado civil de una persona casada cuyo esposo/a ha muerto

[6] desengaño: decepción, contrariedad
[7] áspera: austera, rígida
[8] reconcentrada: ensimismada
[9] entrañables: afectuosos
[10] hastío: aburrimiento
[11] exigir: demandar

30 monótonamente— parecían más alejados de aquella casa. La señora escuchaba siempre callada y absorta, y sólo de vez en cuando le pedía a Molly Morgan Muir que le repitiera algún pasaje o algún diálogo del que no se quería despedir para siempre sin hacer amago[12] de retenerlo. Al terminar, su único comentario solía ser: "Molly, tienes una hermosa voz. Con ella encontrarás amores".

Y era durante estas sesiones cuando el fantasma de la casa hacía su aparición: cada tarde, mientras Molly pronunciaba las palabras de Stevenson o Jane Austen o Dumas o Conan Doyle,
40 veía difusamente[13] la figura de un hombre joven y de aspecto rural, un mozo de cuadra[14] o de establo. La primera vez que lo vio, de pie y con los codos apoyados en el respaldo[15] del sillón que ocupaba la señora, como si escuchara atentamente el texto que recitaba ella, estuvo a punto de gritar del susto. Pero en seguida el joven se llevó el índice a los labios y le hizo tranquilizadoras señas de que continuara y no denunciara su presencia. Su rostro era inofensivo, con una tímida sonrisa perpetua en los ojos burlones, alternada tan sólo, en algunos momentos graves de la lectura, con una seriedad alarmada e
50 ingenua propia de quien no distingue del todo entre lo acaecido[16] y lo imaginado. La joven obedeció, aunque no pudo evitar aquel día levantar la vista demasiadas veces y dirigirla por encima del moño[17] de la señora Cromer-Blake, que a su vez alzaba[18] la suya inquieta como si no estuviera segura de llevar derecho un sombrero hipotético o debidamente iluminada una aureola[19]. "¿Qué ocurre, niña?", le dijo alterada. "¿Qué es lo que miras ahí arriba?" "Nada", contestó Molly Muir, "es una manera de descansar los ojos para volver a fijarlos luego. Tanto rato me los fatigaría". El joven asintió[20] con su pañuelo al cuello y la
60 explicación bastó para que en lo sucesivo la señorita mantuviera su costumbre y pudiera saciar[21] al menos su curiosidad visiva. Porque a partir de entonces, tarde tras tarde y con pocas excepciones, leyó para su señora y también para él, sin que aquélla se diera jamás la vuelta ni supiera de las intrusiones de éste.

---

[12] amago: intento
[13] difusamente: con poca claridad
[14] mozo de cuadra: joven que cuida caballos
[15] respaldo: parte del sillón para la espalda

[16] acaecido: ocurrido
[17] moño: nudo del pelo
[18] alzar: elevar
[19] aureola: halo
[20] asentir: afirmar
[21] saciar: satisfacer

El joven no rondaba[22] ni se aparecía en ningún otro instante, por lo que Molly Muir no tuvo nunca ocasión a través de los años, de hablar con él ni de preguntarle quién era o había sido o por qué la escuchaba. Pensó en la posibilidad de que fuera el

70    causante del desengaño ilícito padecido[23] por su señora en un tiempo pasado, pero de los labios de ésta jamás salieron las confidencias, pese a[24] las insinuaciones de tantas páginas leídas y de la propia Molly en las lentas conversaciones nocturnas de media vida. Tal vez aquel rumor era falso y la señora no tenía en verdad nada que contar digno de cuento y por eso pedía oír los remotos y ajenos y más improbables. En más de una oportunidad estuvo Molly tentada de ser piadosa[25] y relatarle lo que ocurría todas las tardes a sus espaldas, hacerla partícipe de su pequeña emoción cotidiana[26], comunicarle la existencia de un

80    hombre entre aquellas paredes cada vez más asexuadas[27] y taciturnas[28] en las que sólo resonaban, a veces durante noches y días seguidos, las voces femeninas de ambas, cada vez más avejentada[29] y confusa la de la señora, cada mañana un poco menos hermosa y más débil y huida[30] la de Molly Muir, que en contra de las predicciones no le había traído amores, o al menos no que se quedaran y pudieran tocarse. Pero siempre que estuvo a punto de caer en la tentación recordó al instante el gesto discreto del joven —el índice sobre los labios, repetido de vez en cuando con los ojos de leve guasa[31]—, y guardó silencio. Lo

90    último que deseaba era enfadarlo[32]. Quizá era sólo que los fantasmas se aburren igual que las viudas.

Cuando la señora Cromer-Blake murió, ella siguió en la casa, y durante unos días, afligida y desconcertada, dejó de leer: el joven no apareció. Convencida de que aquel muchacho rural deseaba tener la instrucción de la que seguramente había carecido[33] en vida, pero también temerosa de que no fuera así y de que su presencia hubiera estado relacionada misteriosamente con la señora tan sólo, decidió volver a leer en voz alta para invocarlo, y no sólo novelas, sino tratados de historia y de

100   ciencias naturales. El joven tardó algunas fechas en reaparecer

---

[22] rondar: andar alrededor
[23] padecido: sufrido
[24] pese a: a pesar de
[25] piadosa: compasiva
[26] cotidiana: de todos los días
[27] asexuadas: sin sexo

[28] taciturnas: silenciosas
[29] avejentada: envejecida
[30] huida: alejada
[31] guasa: broma
[32] enfadarlo: enojarlo
[33] carecer: faltar

—quién sabe si guardan luto[34] los fantasmas, con más motivo que nadie—, pero por fin lo hizo, tal vez atraído por las nuevas materias, acerca de las cuales siguió escuchando con la misma atención, aunque ya no de pie y acodado[35] sobre el respaldo, sino cómodamente sentado en el sillón vacante, a veces con las piernas cruzadas y una pipa encendida en la mano, como el patriarca que nunca debió de ser.

La joven, que se fue haciendo mayor, le hablaba con cada vez más confianza, pero sin obtener nunca respuesta: los fantasmas
110 no siempre pueden o quieren hablar. Y con esa siempre mayor y unilateral confianza transcurrieron los años, hasta que llegó un día en que el muchacho no se presentó, y tampoco lo hizo durante los días ni las semanas siguientes. La joven que ya era casi vieja se preocupó al principio como una madre, temiendo que le hubiera sucedido algún percance[36] grave o desgracia, sin darse cuenta de que ese verbo sólo cabe[37] entre los mortales y que quienes no lo son están a salvo[38]. Cuando reparó[39] en ello su preocupación dio paso[40] a la desesperación: tarde tras tarde contemplaba el sillón vacío e increpaba[41] al silencio, hacía
120 dolidas[42] preguntas a la nada, lanzaba reproches al aire invisible, se preguntaba cuál había sido su falta o error y buscaba con afán[43] nuevos textos que pudieran atraer la curiosidad del joven y hacerlo volver, nuevas disciplinas y nuevas novelas, y esperaba con avidez cada nueva entrega[44] de Sherlock Holmes, en cuya habilidad y lirismo confiaba más que en casi ningún otro cebo[45] científico o literario. Y seguía leyendo en voz alta a diario, por ver si él acudía[46].

Una tarde, al cabo de meses de desolación, se encontró con que la señal del libro de Dickens que le estaba leyendo
130 pacientemente en ausencia no se hallaba donde la había dejado, sino muchas páginas más adelante. Leyó con atención allí donde él la había puesto, y entonces comprendió con amargura[47] y

---

[34] luto: período de manifestar dolor por la muerte
[35] acodado: apoyado en los codos
[36] percance: problema
[37] cabe: corresponde
[38] a salvo: fuera de peligro
[39] reparar: reflexionar
[40] dar paso: cambiar

[41] increpar: criticar
[42] dolidas: afligidas
[43] afán: deseo
[44] entrega: episodio
[45] cebo: atractivo, incentivo
[46] acudir: venir
[47] amargura: pena

sufrió el desengaño de toda vida, por recóndita[48] y quieta que sea. Había una frase del texto que decía: "Y ella envejeció[49] y se llenó de arrugas[50], y su voz cascada[51] ya no le resultaba grata[52]." Cuenta Lord Rymer que la anciana se indignó como una esposa repudiada, y que lejos de resignarse y callar le dijo al vacío con gran reproche: "Eres injusto. Tú no envejeces y quieres voces gratas y juveniles, y contemplar caras tersas[53] y luminosas. No creas que no lo entiendo, eres joven y lo serás ya siempre. Pero yo te he instruido y distraído durante años, y si gracias a mí has aprendido tantas cosas y también a leer no es para que ahora me dejes mensajes ofensivos a través de mis textos que he compartido contigo siempre. Ten en cuenta que cuando murió la señora yo podía haber leído en silencio, y no lo hice. Comprendo que puedas ir en busca de otras voces, nada te ata[54] a mí y es cierto que nunca me has pedido nada, luego tampoco nada me debes. Pero si conoces el agradecimiento, te pido que al menos vengas una vez a la semana a escucharme y tengas paciencia con mi voz que ya no es hermosa y ya no te agrada, porque no va a traerme más amores. Yo me esforzaré y seguiré leyendo lo mejor posible. Pero ven, porque ahora que ya soy vieja soy yo quien necesita de tu distracción y presencia".

Según Lord Rymer, el fantasma del joven rústico eterno no fue enteramente desaprensivo[55] y atendió a razones o supo lo que era el agradecimiento: a partir de entonces, y hasta su muerte, Molly Morgan Muir esperó con ilusión e impaciencia la llegada del día elegido en que su impalpable amor silencioso accedía a volver al pasado de su tiempo en el que en realidad ya no había ningún pasado ni ningún tiempo, la llegada de cada miércoles. Y se piensa que quizá fue eso lo que la mantuvo todavía viva durante bastantes años, es decir, con pasado y presente y también futuro,
o quizá son nostalgias.

---

[48] recóndita: escondida
[49] envejecer: volverse viejo
[50] arrugas: pliegues en la piel
[51] cascada: hoarse
[52] grata: agradable
[53] tersa: suave, pura
[54] atar: unir
[55] desaprensivo: sin conciencia

## Lectura literaria

1. Este cuento pretende ser una reelaboración de un documento. ¿Qué efecto le da al lector la ficcionalización de algo supuestamente verdadero?

2. Si una mujer anciana le contara tal relato a un investigador de lo oculto, ¿sería un caso documentable? Explique.

3. El narrador dice que este caso es *modesto* y *conmovedor*. Explique el uso de estos dos adjetivos para describirlo.

4. El narrador implica que el espacio (la casa) es importante. ¿Piensa Ud. que los fantasmas suelen estar en lugares específicos en la ficción?

5. ¿Cuál sería una explicación racional o lógica a esta relación entre Molly y el fantasma?

6. Molly Morgan Muir es una mujer muy discreta. Defina la palabra *discreción* y busque ejemplos ilustrativos de esta cualidad en el cuento.

## Más allá de la ficción

A. Actividades de redacción

1. Invente un fantasma y cuente sus actividades.

2. Haga una lista de libros que le gustaría que le leyeran e indique quién le gustaría que los leyera.

3. Busque los nombres propios de los investigadores y los autores mencionados en el cuento y escriba una sinopsis de sus obras y/o vidas.

4. Explique por qué leían estas mujeres (y el fantasma) cada día. Compare las circunstancias de su lectura (el cuándo, porqué, cómo, dónde, con quién) con las de usted.

B. Temas para el debate

   1. a. Hay seres visibles del más allá que entran en la vida "real" a veces.

     b. Los fantasmas no existen; son sólo invenciones.

   2. a. La vida de la mujer era mejor en 1910 que ahora.

     b. La vida de la mujer era peor en 1910 que ahora.

   3. a. La lectura de literatura fantástica enriquece la vida cotidiana.

     b. La lectura de literatura fantástica puede ser peligrosa.

C. Temas para conversar en grupos de tres o cuatro y discutir en clase.

   1. Cuenten su favorito cuento fantástico. Comparen las estructuras y los temas de varios cuentos.

   2. Comparen algunas creencias irracionales actuales. ¿Normalmente se presenta lo irreal como peligroso o inocuo?

   3. ¿Cómo sería la vida sin ningún fenómeno irracional o inexplicable?

# 11
# Nadar de noche
de Juan Forn

## Conozcamos al autor

### BIOGRAFÍA

Juan Forn nació en Buenos Aires, Argentina, en noviembre de 1959. Entre sus publicaciones se cuentan la novela, *Corazones cautivos más arriba* (1987), *Nadar de noche* (cuentos, 1991) y *Buenos Aires. Una antología de nueva ficción argentina* (1993). También ha escrito guiones cinematográficos y se ha dedicado a traducciones del inglés y del portugués. El Woodrow Wilson International Center (Washington, DC) invitó al autor en 1994 para que terminara su novela *Frivolidad*. En la actualidad, trabaja como editor y escribe para revistas y diarios, tanto locales como extranjeros. Del libro de cuentos *Nadar de noche* se extrajo el cuento que se leerá a continuación.

# ENTREVISTA CON EL AUTOR

*¿Cómo empezó a escribir?*

Empecé a escribir entre los catorce y los quince años, poemas que eran básicamente una catarsis de mi rebelión adolescente a lo que se esperaba de mí, en casa y en el colegio. El descubrimiento de lo narrativo fue decisivo: lo que siempre me había gustado eran las historias (oírlas, leerlas y, por qué no, escribirlas también). Hice ese descubrimiento de lo narrativo a los veinte años, a lo largo de una larga y accidentada estadía en Europa. A mi retorno a Buenos Aires, conseguí un trabajo como recepcionista en Emecé, la editorial que publicaba a Borges. Allí tenía todo el tiempo del mundo para leer y montones de libros gratis. Finalmente, la muerte de mi viejo y el comienzo de la escritura de mi primera novela fueron decisivos también.

*¿Qué autores son sus favoritos y de qué manera influyeron en su estilo y la temática de su obra?*

Autores favoritos e influencias no son exactamente lo mismo, al menos para mí. Entre los primeros, César Vallejo, Paul Eluard, Fernando Pessoa, Octavio Paz, Roberto Juarroz, Ezra Pound, Wallace Stevens, William Carlos Williams y E.E. Cummings. También Cortázar, Henry Miller y Arlt. En cuanto a favoritos, la lista es más limitada: Tolstoi ante todo, y después las novelas breves y los cuentos de Kafka y Henry James.

*En el epígrafe sobre el cuento, Ud. se asocia a Josef Skvorecky al enaltecer el cuento como la mejor forma de narrar. ¿Qué características del cuento son las que Ud. considera más nobles?*

La brevedad, la densidad y el *punch*. Es tan claro todo lo que no se puede hacer al escribir un cuento, que me parece el mejor de los mundos posibles.

*¿Cómo piensa que deben ser las relaciones padre-hijo?*

No tengo la menor idea. Por una razón básica: a diferencia de otros vínculos intensos —con mis amigos, con mi adorada mujer—, la relación con mi padre se definió realmente después de su muerte. Cosa que lamento hasta el día de hoy. Pero, al mismo tiempo, no puedo evitar una sospecha: si él no hubiera muerto, no sería la misma persona exactamente para mí.

*¿Tiene este cuento algún matiz autobiográfico?*

Mi padre se murió en 1985, cuando yo tenía veinticinco años.
A fines de 1987, publiqué mi primer libro, no sólo dedicado a
él, sino escrito bajo su influencia. Quiero decir, el libro trata las
relaciones entre un chico de trece años y su abuelo, en el período
inmediatamente posterior a la muerte del padre del chico (que era
el hijo del abuelo). Con eso creí exorcizar la muerte de mi padre.
Pero dos años después, cuando murió el padre de un gran amigo
mío, volví del velorio a casa, a dormir un par de horas antes de ir al
entierro, y soñé ese encuentro con el padre muerto. Durante un
tiempo bastante largo estuve convencido de que, en el sueño, mi
padre y yo conversamos muchísimo. En el momento en que
terminé de anotar en un cuaderno lo que me acordaba del sueño
aquella mañana, en menos de una página, y en estado casi
cataléptico, antes de salir rumbo al cementerio, se borró para
siempre de mi memoria todo aquello que no está en el cuento. Pero
no desespero del todo. Sigo pensando que, la noche menos
pensada, recibiré otra visita de mi padre.

By Kimberly Varnadoe

## Ejercicios de prelectura

A. Descripción detallada de la ilustración

B. Asuntos para discutir más allá de la ilustración

1. ¿Ha nadado Ud. de noche alguna vez? ¿Dónde? ¿En el mar? ¿En una piscina?

2. ¿Qué experimentó al nadar de noche?

3. ¿Ha leído o escuchado alguna vez testimonios de personas que estuvieron a punto de morir? Explique.

4. ¿Ud. cree que es posible comunicarse con personas en "el más allá"?

5. ¿Alguna vez se encontró "hablando" con un ser querido muerto?

6. ¿Qué imagina Ud. después de la muerte?

C. Relaciones personales

1. En su opinión, ¿cómo debe ser una buena relación entre padre e hijo/a?

2. ¿Cómo reaccionaría Ud. si se encontrara con un ser querido que hacía mucho tiempo que no veía?

3. ¿Es Ud. supersticioso/a? ¿Qué piensa Ud. de las supersticiones?

4. ¿Es el Halloween una festividad supersticiosa? Justifique su opinión.

D. Palabras y estructuras claves

1. Repase la diferencia entre **pero** y **sino** y complete las siguientes oraciones según sea conveniente:

a. Juan no estaba descansando en la casa, _____ trabajando.

b. Estaba en pantalones cortos, sentado en la terraza, mirando la pileta. _____ todo esto era un simulacro de vacaciones.

c. Su padre tenía el pelo tan abundante y bien peinado como siempre, _____ totalmente blanco.

d. Alguien llamó a la puerta. No oí el timbre _____ dos golpecitos suaves.

2. En el cuento que va a leer se usa el modo condicional. Repase este modo verbal y escriba cinco oraciones, comenzando con "si tuviera tiempo y/o dinero ..." Por ejemplo:

MODELO:  Si tuviera tiempo y dinero *viajaría* por el mundo.

a. _____

b. _____

c. _____

d. _____

e. _____

3. Escriba cinco preguntas que Ud. le haría a un ser del más allá si hablara con él. Por ejemplo:

MODELO:  *Le preguntaría si sintió dolor cuando murió.*

a. _____

b. _____

c. _____

d. _____

e. _____

4. Ahora escriba cinco preguntas que un ser del más allá le haría a un amigo o a pariente vivo. Por ejemplo:

MODELO:  *Le preguntaría si habían nacido muchos niños en la familia*

a. _____

b. _____

c. _____

d. _____

e. _____

# Guía de lectura

Busque las respuestas a las siguientes preguntas mientras lee el cuento.

1. ¿De quién es la casa en la que transcurre la acción?
2. ¿Quién es el personaje principal del cuento?
3. ¿Con quién está el protagonista en la casa?
4. ¿Por qué el protagonista siente que está *trabajando* no *descansando* en esa casa?
5. ¿Dónde están los dueños de la casa?
6. ¿Qué hacía él cuando oyó la puerta?
7. ¿Quién tocó a la puerta?
8. Describa a esta persona.
9. ¿Sabe el visitante lo que ha ocurrido en los ultimos años? ¿Qué quiere este visitante que el muchacho le cuente?
10. ¿Por qué esta persona se le presentó al protagonista y no a su madre?
11. ¿Qué explicación da el visitante del "lugar" donde van los muertos y de sus acciones en vida?
12. ¿Cómo es estar en *ese lugar*?
13. Al final del cuento, ¿por dónde empieza el protagonista a contarle su historia al padre?

# Nadar de noche

Era demasiado tarde para estar despierto, especialmente en
una casa prestada y a oscuras. Afuera, en el jardín, los grillos[1]
convocaban empecinados[2] y furiosos la lluvia, y él se preguntó
cómo podían dormir en los cuartos de arriba su mujer y su
hijita con ese murmullo ensordecedor[3]. Tenía insomnio, estaba
en pantalones cortos, sentado frente al ventanal[4] abierto que
daba a la terraza y al jardín. Las únicas luces prendidas eran los
focos adentro de la pileta[5], pero la luz ondulada por el agua
no conseguía matar del todo la sensación de estar en una
casa ajena[6], el malestar indefinible con aquel simulacro de
vacaciones. Porque, en realidad, no estaba ahí descansando sino
trabajando. Aunque el trabajo no implicase ningún esfuerzo en
particular, aunque no tuviese que hacer nada, salvo vivir en esa
casa con su mujer y su hija y disfrutar las posesiones de su
amigo Félix, mientras éste y Ruth remontaban el Nilo y gastaban
fortunas en rollos de fotos y guías egipcios sin dientes, a cuenta
de una revista de viajes italiana.

Para calmarse, para atraer el sueño, pensó que no iba a pisar
Buenos Aires en todo el mes. Viviría en pantalones cortos y
sin afeitarse, cortaría el pasto, cuidaría la pileta, vería videos
y escucharía música mientras su hija crecía delante de sus
ojos y su mujer inventaba postres raros en la cocina. Y en todo
ese tiempo quizá le dejaran algún mensaje mínimamente
estimulante, o al menos catastrófico, en el contestador
automático de su departamento. Mientras tanto, a lo mejor
Félix y Ruth decidían prolongar su viaje un mes más, o tenían
un accidente, o se enamoraban los dos de un mismo efebo
andrógino y analfabeto[7] en Alejandría. Un mes podía ser mucho
tiempo en algunos lugares fuera de su oficina, un mes podía ser
casi una vida. Para su hijita, por ejemplo. Tenía que empezar a
vivir al ritmo de ella, como le había dicho su mujer. Día por día,
hora por hora, lentamente. Tenía que asumir la paternidad de
una vez, como dirían Félix y Ruth, si es que no lo había hecho.

---

[1] grillos: *crickets*
[2] empecinados: insistentes
[3] ensordecedor: que deja sordo
[4] ventanal: varias ventanas grandes

[5] pileta: piscina
[6] ajena: que no le pertenece
[7] analfabeto: que no sabe leer ni
escribir

Entonces oyó la puerta. No el timbre[8] sino dos golpecitos suaves, corteses, casi conscientes de la hora que era. Cada casa tiene su lógica, y sus leyes son más elocuentes de noche, cuando las cosas ocurren sin paliativos sonoros. El no miró el reloj, ni se sorprendió, ni pensó que los golpes eran imaginación suya. Simplemente se levantó, sin prender ninguna luz a su paso, y

40 cuando abrió la puerta se encontró con su padre parado delante de él. No lo veía desde que había muerto. Y, en ese momento, supo incongruentemente que ya se había hecho a la idea de no verlo nunca más.

Su padre tenía puesto un impermeable cerrado hasta arriba y el pelo tan abundante y bien peinado como siempre, pero totalmente blanco. Nunca habían sido muy expresivos entre ellos. El dijo: "Papá, qué sorpresa", pero no se movió hasta que su padre preguntó sonriendo:

—¿Se puede pasar o no?

50     —Sí, claro. Por supuesto.

El padre cruzó el living a oscuras y el ventanal abierto y fue a sentarse en una de las reposeras[9] de la terraza. Desde allá miró hacia adentro, lo llamó con la mano y tocó la reposera vacía a su lado. El salió obedientemente a la terraza. Dijo:

—Dame el impermeable, si querés. ¿Te traigo algo para tomar?

El padre negó con la cabeza. Después se estiró todo lo que pudo y respiró hondo sin perder la sonrisa.

—No, no, así está bien. Va a llover en cualquier momento

60 —dijo—. Qué maravilla. ¿De día es así, también?

—Mejor. Para Marisa y la beba, especialmente.

—Marisa y la beba. Debés de tener un montón de cosas para contarme, ¿no?

Él sintió que se le aflojaba[10] apenas la mandíbula. En los sueños en que volvía a verlo, su padre siempre estaba al tanto[11] de todo lo que les había pasado a ellos en su ausencia.

—Sí, claro —dijo—. Supongo que sí.

---

[8] timbre: *door bell*
[9] reposera: silla cómoda para descansar

[10] aflojar: relajar
[11] estar al tanto: estar actualizado, saberlo

—Por supuesto, no pretendo que me pongas al día con las noticias. Obviemos la política, el trabajo, el mundo en general, si es posible. Las cosas domésticas me interesan. Tus hermanas, vos, Marisa, la beba. Esas cosas.

A él le sorprendió que mencionara la palabra *domésticas*. Y mucho más aún que hubiese nombrado a todos menos a su madre, pero no supo qué decir.

—Voy a servirme un whisky. ¿Seguro que no querés?

—No, no, gracias. A propósito, qué buena idea, las luces adentro de la pileta.

—No es mía —dijo él antes de entrar—. La casa, quiero decir. Cuando volvió a aparecer, con un vaso bastante lleno, se frenó detrás de la reposera de su padre y sintió de golpe[12] que todavía no se habían tocado.— Yo creí —dijo, desde ese lugar—, yo creí que vos veías todo lo que pasaba acá, desde donde estabas.

La cabeza de su padre se movió levemente a uno y otro lado, varias veces.

—Lamentablemente no. Es bastante distinto de lo que uno se imagina.

Él miró la pileta y tuvo la sensación de que no controlaba lo que decía ni lo que iba a decir.

—Si supieras la cantidad de cosas que hice en estos años para vos, pensando que me estabas mirando. —Y se rió un poco, sin alegría pero sin amargura, para vaciarse los pulmones no más.— O sea que no sabés nada de estos cuatro años. Qué increíble.

El padre se reacomodó en la reposera y lo miró de costado.

—A lo mejor hay cambios, adonde nos mandan ahora. Si te sirve de consuelo[13].

El lo miró sin entender.

—Hubo un traslado[14]. Voy a estar en otra parte, a partir de ahora. No sólo yo; muchos más. Las cosas allá no son tan ordenadas como se supone. A veces pasan estos imprevistos. Digo, que esté ahora con vos.

—¿Y por qué conmigo? ¿Por qué no fuiste a ver a mamá?

---

[12] de golpe: de repente, súbitamente
[13] consuelo: consolación

[14] traslado: *transfer*

El padre miró un rato la luz ondulante de la pileta. Su cara cambió muy levemente, hubo un ínfimo matiz[15] de tristeza en su inexpresividad.

—Con tu madre hubiera sido más difícil. Una noche no es tanto tiempo, y yo necesito que me cuentes todo lo que puedas. Con tu madre hablaríamos de otros temas. Del pasado, especialmente; de ella y yo, de muchas cosas buenas que vivimos los dos juntos. Y eso hubiera sido injusto de mi parte. —Hizo una pausa.— Hay ciertas cosas que son técnicamente imposibles en mi estado actual: sentir, por ejemplo. ¿Entendés? En cierta medida, lo que soy esta noche es algo que no tendría valor para tu madre. Con vos, en cambio, es más simple. Tu memoria es bastante ... selectiva, para decirlo de alguna manera, y siempre te ubicaste en una posición panorámica en cuanto a las emociones. Con tu madre, con tus hermanas, con vos mismo. En fin. —Hizo otra pausa.— También pensé que podrías arreglártelas[16] mejor con los sentimientos que te provoque esta visita. A fin de cuentas[17], yo nunca fui tan importante para vos, ¿no es cierto?

El sintió algo que hacía mucho tiempo que no sentía. Una especie de sumisión y de necesidad de oponerse a esa sumisión. Supo de pronto que en los últimos cuatro años no había sido esto que era ahora, nuevamente: hijo de su padre. Fue hasta el borde de la pileta, se sacó los mocasines y se sentó con las piernas dentro del agua.

—Si no hubieras sido tan importante para mí, entonces yo no habría hecho las cosas que hice para vos, por vos, en estos años. ¿No se te ocurrió pensar eso?

—No.

El quedó perplejo. La respuesta le había parecido tan rápida y brutal que sonó sincera. Y justamente por eso inverosímil[18]. Cobarde. Casi injusta.

—Y ahora que sabés, qué —atinó[19] a decir.

—Nada —contestó el padre. Después se levantó, llevó la reposera hasta el borde de la pileta y se sentó con las manos en los bolsillos.— Supongo que no cambia nada. Lo que hiciste, ya

---

[15] matiz: *shade*
[16] arreglártelas: *manage*
[17] a fin de cuentas: *after all*

[18] inverosímil: *improbable*
[19] atinar: *to manage to*

lo hiciste. Y me parece que no tiene sentido que te enojes ahora, con vos o conmigo, por eso. ¿No?

140    No sólo era inútil, además empezaba a sentir que no le era lícito[20], frente a la condición de su padre, cuestionar nada, ni permitirse esa belicosidad insólita[21]. La necesidad de oponerse se desvaneció y sólo quedó la sumisión, no ya dirigida a su padre sino a un estado de cosas, a una abstracción obtusa e inabarcable[22].

—Es cierto —dijo—. Perdón.

Se quedaron callados un rato, hasta que él dijo:

—De todas maneras, exageré un poco. No fueron tantas las cosas que hice pensando en vos.

150    —Ya me parecía.

Un relámpago[23] rajó[24] en dos el fondo[25] del cielo. Cuando sonó el trueno[26] el padre se encogió[27] y volvió a oírse su risita.

—Ya casi no me acordaba de estas cosas. Es notable cómo funciona la memoria, lo que conserva y lo que deja de lado.

—Los grillos —dijo él—. ¿Los oís? No me dejaban dormir. Por eso estaba despierto cuando llegaste. —Después de decir estas palabras dudó. ¿Los grillos? Pero lo pensó mejor y prefirió quedarse con la duda.

—Bueno —dijo el padre con voz muy suave—. A lo nuestro.

160    —¿Puedo preguntarte algo, antes?

La reposera crujió[28]. El hizo un esfuerzo para mantenerle la mirada a su padre.

—Como quieras. Pero ya sabés cómo es eso: una vez que te enterás[29], difícil que puedas borrártelo[30] de la cabeza. No es una amenaza. Lo digo por vos, simplemente.

—Sí, yo sé —dijo él. Y preguntó, con voz insegura:— ¿Todos van al mismo lugar? ¿No importa lo que haya hecho cada uno?

—Eso es algo que podría haberte contestado desde los veinte años, más o menos: siempre sospeché que importaba más en

---

[20] lícito: legal
[21] insólita: inusual
[22] inabarcable: que no se puede contener
[23] relámpago: *lightning*
[24] rajar: cortar en dos partes

[25] fondo: parte más lejana
[26] trueno: *thunder*
[27] encogerse: *shrug one's shoulders*
[28] crujir: *to creak*
[29] enterás: descubres (forma de vos)
[30] borrártelo: *wipe it out*

170 vida que después. En cuanto a la otra pregunta, no es
exactamente un lugar, adonde van. Pero sí: todos van al mismo,
en la medida en que todos somos relativamente iguales. El
modo de vida de tu vecino y el tuyo, por ejemplo, se diferencian
tanto como tu estatura y la de él. Son matices, y los matices no
cuentan. Digamos que hay, básicamente, sólo dos estados: el
tuyo y el mío. Es bastante más complejo, pero no lo entenderías
ahora.

—Entonces vos y yo vamos a encontrarnos de nuevo, en
algún momento —dijo él.

180 El padre no contestó.

—¿Importa algo estar juntos, allá?

El padre contestó.

—¿Y cómo es? —dijo él.

El padre desvió los ojos y miró la pileta.

—Como nadar de noche —dijo. Y las ondulaciones de la luz
se reflejaron en su cara.— Como nadar de noche, en una pileta
inmensa, sin cansarse.

El tomó de un trago[31] el whisky que quedaba en el vaso y
esperó a que llegase al estómago. Después tiró los hielos en la
190 pileta y apoyó[32] el vaso vacío en el borde.

—¿Algo más? —dijo el padre.

El negó con la cabeza. Movió un poco las piernas en el agua y
miró la base de la reposera, el impermeable, la cara relajada y
blandamente atemporal de su padre. Pensó en lo reticentes que
habían sido siempre en todo contacto corporal y le parecieron
increíblemente ingenuos y artificiales aquellos abrazos en los
sueños en que aparecía su padre. Esto era la realidad: todo
seguía tal como había sido siempre, y recomenzaba casi en el
mismo punto en que quedara interrumpido cuatro años antes.
200 Aunque sólo fuese por una noche.

—Por donde querés que empiece —dijo.

—Por donde quieras. No te preocupes por el tiempo: tenemos
toda la noche. Hasta que termines no va a amanecer.

El respiró hondo[33], largó el aire y supo que había entrado en
la noche más larga y secreta de su vida. Empezó, por supuesto,
hablando de su hija.

---

[31] de un trago: *at one go, in one gulp*     [33] hondo: profundo
[32] apoyar: poner

# Lectura literaria

1. ¿Quién es el narrador del cuento?

2. ¿Qué se puede decir del tono del cuento?

3. Lo fantástico tiene una larga tradición en la literatura argentina. ¿Clasificaría este cuento dentro de ese estilo? ¿Por qué sí o no? Dé ejemplos para apoyar su respuesta.

4. Explique como la pileta funciona como un símbolo del estado en el más allá.

5. Busque las referencias al ambiente nocturno y explique por qué es apropiado este ambiente en el cuento.

6. Busque las referencias temporales y explique su significado.

7. ¿Qué relación existe entre la *casa ajena* y la relación tan lejana entre el padre y el hijo?

8. Discuta la diferencia entre lo que soñaba el hijo de su padre y este encuentro con su padre.

9. ¿Qué indicios nos dan sobre el conflicto padre-hijo las siguientes palabras: "El sintió algo que hacía mucho tiempo que no sentía. Una especie de sumisión y de necesidad de oponerse a esa sumisión"?

10. Interprete:

    a. "Cada cosa tiene su lógica, y sus leyes son más elocuentes de noche, cuando las cosas ocurren sin paliativos sonoros."

    b. El padre hablándole al hijo, "... siempre te ubicaste en una posición panorámica en cuanto a las emociones."

    c. La respuesta del padre cuando el hijo quiere preguntar algo: "... una vez que te enterás, difícil que puedas borrártelo de la cabeza."

    d. "Esto era la realidad: todo seguía tal como había sido siempre, y recomenzaba casi en el mismo punto en que quedara interrumpido cuatro años antes."

    e. "Hasta que termines no va a amanecer."

11. Una posible interpretación de este cuento sería desde un enfoque sicológico. Teniendo esto en cuenta, construya un retrato del protagonista considerando especialmente el comienzo del cuento.

12. ¿Qué piensa Ud. del final del cuento? ¿Por qué cree Ud. que el protagonista va a empezar hablando de su hija?

## Más allá de la ficción

A. Actividades de redacción

1. Siguiendo las referencias del cuento y agregando algunas personales, describa la casa.

2. Agregue uno o dos párrafos al final del cuento con las cosas que el protagonista le contaría a su padre.

3. Imagine un diálogo entre el padre muerto y su esposa si se volvieran a encontrar.

4. Describa cómo se imagina Ud. "el más allá".

B. Temas para el debate

1. a. Existe el más allá y lo sobrenatural.

   b. El más allá y lo sobrenatural son mitos para calmar el miedo a la muerte.

2. a. El Halloween es una fiesta pagana, diabólica y supersticiosa.

   b. No hay nada malo en la celebración del Halloween.

3. a. No es posible ponerse en contacto con los muertos.

   b. Es posible ponerse en contacto con los muertos.

C. Temas para conversar en grupos de tres o cuatro y discutir en clase

1. Escojan un personaje famoso muerto y hagan una lista de cinco a diez preguntas que le quisieran hacer.

2. Discutan cómo distintas religiones contestan las preguntas planteadas en el cuento: "¿Todos van al mismo lugar?", "¿No importa lo que haya hecho cada uno?"

# 12
# Nueva York
### de Méndez Vides

## Conozcamos al autor

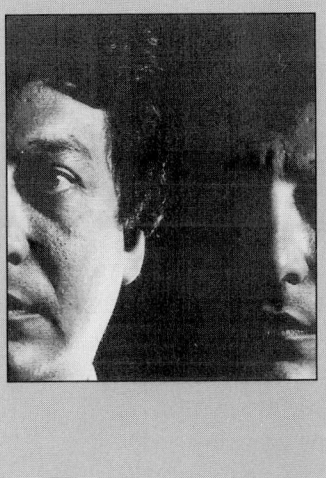

## BIOGRAFÍA

Méndez Vides nació en Antigua, Guatemala, en 1956. Ha publicado tres volúmenes de relatos y cuentos: *Escritores famosos* (1979), *El paraíso perdido* (1990) y *Mujeres tristes* (1995). El cuento "Nueva York" pertenece a esta última colección.

Méndez Vides ha sido autor de dos novelas que fueron premiadas en certámenes literarios. *Las catacumbas* obtuvo el Premio Latinoamericano de Novela Nueva Nicaragua en 1986 y *Las murallas* ganó el Premio Mario Monteforte Toledo en Guatemala en 1997.

Su obra poética fue publicada recientemente bajo el título de *Babel o las batallas,* donde el autor ha reunido su producción de distintas épocas en una confusión de voces e idiomas que reflejan su espíritu convulsionado y revuelto. Méndez Vides es un autor versátil que también ha escrito obras de teatro y las ha dirigido. Actualmente, es columnista de *El Periódico de Guatemala,* donde escribe semanalmente comentarios sobre libros.

*¿Cómo se inicia Ud. como escritor?*

Escribiendo desde siempre, leyendo mucho y disfrutando apasionadamente la literatura. Escribir es para mí una actividad natural. Me gusta, me divierto y es una actividad plenamente realizante.

*¿Qué le motivó a escribir "Nueva York"?*

Sucedió en Nueva York. Allí presencié una escena como la que el cuento describe. Una mujer centroamericana estaba enmudecida observando a un ejecutivo japonés que bajó de una inmensa limusina e ingresó a MacDonald's. Fue a comprar lo suyo y en una bolsa le llevó a un chofer latino algo de comer. La mujer no perdió detalle, y cuando por fin se marcharon, ella prosiguió su camino. La escena se me quedó grabada en la memoria, y el rostro angustiado de dicha mujer se convirtió en el modelo para la ficción.

*¿Cómo es el problema de la segregación en Guatemala?*

La segregación en Guatemala es fuerte y se manifiesta a diversos niveles. Existe principalmente la segregación racial, donde un pequeño grupo dominante domeña, reprime, manipula y menosprecia a una población indígena mayoritaria.
Hay segregación religiosa, ideológica, y principalmente económica. Todo ello ha creado un ambiente de vida hostil, donde domina el resentimiento, donde las inhibiciones son el petróleo que en cualquier momento facilitan el estallido social. La represión ha sido muy fuerte a lo largo de la historia, particularmente en las décadas recién pasadas, y se trata de siglos de dominación, por eso la actitud aparentemente sumisa de los grandes grupos segregados, que así han aprendido a sobrevivir. Quizá los guatemaltecos somos eso, sobrevivientes arrimados en el traspatio de una finca.

*¿Ha tenido Ud. experiencias personales con este problema?*

Yo creo que ya en la índole de su pregunta, se establece un cierto dejo de segregación. Me imagino que sí, en muchas oportunidades, como cuando un agregado cultural de los Estados Unidos, ignorante y pretencioso, quiso hacer contacto en Guatemala con los intelectuales, y nos invitó a una recepción en su casa, e iba de grupo en grupo explicándonos que esos huevitos negros sobre la galleta que nos íbamos a comer, en ese preciso instante, se llamaban "caviar". O cuando fuimos invitados un grupo de intelectuales por un dirigente de una fundación muy poderosa a un almuerzo en su casa, pero cerraron con llave la misma. Abrieron una puerta improvisada de la calle al jardín, y hasta para ir al baño nos escoltaban. Creo que temían que les viéramos sus posesiones o que nos lleváramos algún recuerdo con nosotros. Curiosa segregación, relativa al tipo nuestro de actividad literaria.

*¿Qué escritores han tenido influencia en su obra?*

Creo que ese es un detalle que quienes mejor pueden determinar son ustedes, los críticos, los estudiosos de las letras. Para uno de autor, las influencias son deseables pero al mismo tiempo temidas. Creo que mejor les menciono un listado de los autores que más me han impresionado, y de quienes quisiera haber recibido algún influjo apreciable. Creo que podría agrupar en un mismo gran conjunto a Cesare Pavese, Julio Ramón Ribeyro, Naguib Mahfuz, Osvaldo Soriano, Raymond Carver, Paul Auster, Jorge Luis Borges, José Saramago, Antonio Tabuchi y, claro, James Joyce. Me olvido de muchísimos nombres, pero probablemente Uds., al leer mi obra, vean aparecer la sobra de escritores a quienes involuntariamente he pasado aquí por alto.

By Kimberly Varnadoe

# Ejercicios de prelectura

A. Descripción detallada de la ilustración

B. Asuntos para discutir más allá de la ilustración

1. ¿Qué motivos obligan a las personas a emigrar de sus lugares de origen?

2. ¿Qué conflictos viven las personas cuando emigran?

3. ¿De qué origen son los inmigrantes de su país?

4. ¿Cree Ud. que existen prejuicios hacia los inmigrantes? Explique.

5. ¿Piensa Ud. que existen prejuicios y tensiones entre los inmigrantes de diversos orígenes? Explique.

6. ¿En qué condiciones viven los inmigrantes de su región?

7. ¿Es difícil para los inmigrantes tener éxito?

C. Relaciones personales

1. ¿Cuáles son los estereotipos más comunes de diferentes grupos étnicos? ¿Está Ud. de acuerdo con esos estereotipos? ¿Por qué?

2. ¿Cuál es su actitud hacia los inmigrantes que vienen a trabajar a los EE.UU.?

3. ¿Qué le motivaría a Ud. a abandonar su país?

D. Palabras y estructuras claves

1. Marque la palabra que más se acerque al significado de la(s) palabra(s) en negrilla.

a. Margarita sabía bien que no podía pedir mucho ... pero que igual le correspondería a ella pagar en vida el infierno de la desdicha de su cuerpo, el injusto desaliño, la piel **tornasolada de café,** que la segregaba.

___ morena ___ rosada ___ clara

b. Sin que le **diera pena** que algún negro le quedara mirando las rodillas.

___ llorara ___ importara ___ observara

c. Parecía bueno con su empleado, es decir lo trataba con el respeto que se le **depara** a alguien inferior.

___ amuebla        ___ suple        ___ da

d. Pensó que **se trataba de** una mujer precipitada en serios problemas.

___ intentaba        ___ era        ___ tenía

e. Porque **a estas alturas** ya hasta los chinos le figuraban miserias.

___ en este momento

___ en esta elevación

___ a todo lo largo

2. Describa qué sentimientos o ideas le evocan las siguientes palabras.

a. segregrar

b. escupir

c. infierno

d. indocumentado

e. despreciativo/a

3. En el cuento que usted va a leer, los sustantivos se omiten para evitar la repetición. En muchos casos se utilizan pronombres que sustituyen al sustantivo. Indique a qué o a quién(es) hacen referencia los pronombres en negrilla.

a. El hombre pasó a su lado y se detuvo a leer el menú. Se **le** notaba el apetito.

b. Margarita estaba mirándose reflejada en el espejo de la vidriera de un McDonald's, en medio de una ciudad que parecía querer escupir**la**.

c. La joven quería entrar a Macy's y comprar lo que **le** diera la gana.

d. El oriental parecía bueno con su empleado, es decir **lo** trataba con respeto.

e. Lo raro era ver**lo** a él descender como demonio en pleno centro.

f. El oriental llevó su mano al saco y extrajo una postal de Buda, **se la** obsequió a Margarita. **Ella la** aceptó.

4. Mire el título del cuento que Ud. va a leer a continuación y la ilustración que aparece al principio de este capítulo. Explique las relaciones que Ud. puede establecer entre la ilustración y el título. Teniendo en cuenta el título y la foto, así como el vocabulario que ha desarrollado en las actividades de prelectura, imagine cuáles pueden ser los temas que se van a tocar en el cuento que va a leer.

## Guía de lectura

Busque las respuestas a las siguientes preguntas mientras lee el cuento.

1. ¿Por qué Margarita se siente segregada?

2. ¿Dónde está Margarita? ¿De dónde vino?

3. ¿Cuáles son los deseos de Margarita?

4. ¿Tiene éxito Margarita en Nueva York?

5. ¿Qué le recomienda el maletero del autobús a Margarita cuando llega a los EE.UU.?

6. ¿Qué piensa el maletero de ella? ¿Por qué?

7. ¿Por qué Margarita salió de Guatemala?

8. ¿Quién se estaba mirando en el mismo vidrio donde Margarita se miraba?

9. ¿Cómo era esta persona? Enumere los detalles que le informan de su grupo étnico y de su condición social y económica.

10. ¿Cuál es el estereotipo que tiene Margarita de los trabajadores norteamericanos?

11. ¿Por qué siente Margarita lástima del chofer del asiático?

12. Según Margarita, ¿qué diferencia existe entre los chinos de Nueva York y los de Guatemala?

13. ¿Cómo trataba el chino a su chofer?

14. ¿Qué pensó el chino de Margarita cuando la vio?

15. ¿Qué le dio el chino a Margarita?

16. ¿Cómo se sentía Margarita cuando tiró la postal de Buda a un basurero?

17. ¿Dónde vio Margarita al oriental por última vez?

# Nueva York

Margarita sabía bien que no podía pedir mucho, que el pelo le había tocado así por causa ajena[1], que la culpa la tenían el sexo y la genética, pero que igual le correspondería a ella pagar en vida el infierno de la desdicha[2] de su cuerpo, el injusto desaliño[3], la piel café tornasolada[4] que la segregaba.

    Estaba mirándose reflejada en el espejo de la vidriera[5] de un McDonald's, en medio de una ciudad que parecía querer escupirla[6], que todas las noches le recordaba con los estallidos[7] de las bocinas[8] y las luces de los autos que en Guatemala la

10    vida era muy diferente, pero que por culpa de las malas juntas[9] y de no haber hecho caso a los consejos de quienes tenían experiencia, se había visto enredada[10] en tremendo juego vertiginoso[11] y había perdido. Acababa de ser despachada[12] sin explicación justa del empleo, y mirándose en la vitrina[13] creyó que tal vez todo había sido por el cuerpo así de insignificante.

    —Ni siguiera eso pudieron hacer bien por mí— les recriminaba[14] con el pensamiento a sus padres. Como que si no hubiera derecho a reproducirse sólo porque sí, sin calcular las consecuencias. Y ahora el asunto trataba de cómo poder

20    continuar de frente en la batalla, colocarse en otro trabajo, lograr hacer algo que un día le permitiera alcanzar el sueño dorado de despertar con los ojos azules y poder entrar a Macy's y comprar lo que le diera la gana, y no tener que meterse luego al metro con los bultos[15] y andar arriesgándose en esas paradas[16] donde nunca se sabe, no tener que andar bajando de memoria las gradas del puente de la estación para alcanzar la calle

---

[1] causa ajena: otra causa
[2] desdicha: desgracia
[3] desaliño: falta de cuidado en el arreglo personal
[4] tornasolada: de varios colores
[5] vidriera: escaparate
[6] escupirla: *spit her out*
[7] estallidos: ruidos
[8] bocinas: *horns*

[9] juntas: conjuntos de personas que dirigen asuntos
[10] enredada: participante liada
[11] vertiginoso: intenso
[12] despachada: despedida
[13] vitrina: ventana
[14] recriminar: culpar
[15] bultos: paquetes
[16] paradas: *stops*

cementosa, sucia, inmisericorde, donde le tocaba por necia[17],
por la mala suerte que es la que nos persigue a todos al haber
nacido feos, sin ni siquiera la gracia del pelito rubio o las
30    caderas[18] bailables que catapultan fácil a las putas en estos
barrios, y que así le hubiera ido mejor. De cualquier manera la
indignidad la perseguiría siempre.

Estaba cansada, ya no era como antes, como cuando se dejó
llevar por la fuerza de la fantasía y fue feliz en el autobús,
riéndose de las anécdotas de otras personas que se bajaban antes
de tiempo, temerosas[19] ante lo desconocido, y ella encantada de
la vida, porfiando[20] en su edad y la inteligencia, estirándose[21] en
tierra firme durante un descanso como gata aunque sus ojos
fueran de un color café definido, sin que le diera pena que algún
40    negro se le quedara mirando las rodillas miserables desde la
ventanilla, cansado y también, sin ganas, antes de llegar a la
urbe[22]. Y ya entrando en la metrópoli, cuando el alba[23] mostró
los primeros edificios, un vecino de asiento se metió en lo que
no le importaba y mejor le recomendó en inglés que se diera la
vuelta[24], que todavía estaba a tiempo, que no siguiera adelante,
que Nueva York era un infierno, que allí duelen las rodillas a
las cuatro de la tarde y no se puede hacer nada, y que cada pan
que se compra cuesta un poco de indignidad. Margarita no
comprendió nada porque no sabía inglés, y le parecía que en esa
50    nueva ciudad daba lo mismo hablar un idioma u otro, porque
todos trabajaban y siempre se entendían de alguna manera
inverosímil[25]. El sujeto dejó de hablar mal de su tierra cuando
descubrió que la medio muda[26] padecía de sordera[27], que era
una vulgar hispana, posiblemente indocumentada y miserable,
todo un caso perdido. La dejó salir primero, burlándose de su
entusiasmo, y ni siquiera aprovechó para tocarle las
pantorrillas[28].

Ante el reflejo de la vidriera se esforzaba por creer que se
miraba bien, que no estaba tan mal la cosa, hasta podría
60    encontrarse su tacón[29] roto en esos andares[30], y después de todo

---

[17] necia: estúpida, ignorante
[18] caderas: *hips*
[19] temerosas: miedosas
[20] porfiando: insistiendo
[21] estirándose: *stretching*
[22] urbe: ciudad
[23] alba: primera luz de la mañana

[24] se diera la vuelta: *go back home*
[25] inverosímil: falsa
[26] medio muda: *half mute*
[27] sordera: *deafness*
[28] pantorrillas: *calves*
[29] tacón: *high heel*
[30] andares: paseos

había que sentirse dichosa[31] porque en Guatemala había quienes la envidiaban, sus compañeras del barrio creerían que ella era la reina, que se estaba luciendo[32], que era ya una nueva María Conchita Alonso, o cualquier otro extravío[33] cinematográfico a cualquier costa.

Y fue entonces cuando miró al chino soberbio[34] asomarse[35] en el mismo reflejo del vidrio. Volteó[36] curiosa y ya no era tan grande, era una suerte de japonés o cualquier otro origen achinado, que para nosotros es lo mismo porque en Nueva York se es amarillo por igual, como somos cafés los latinos. Vestía impecable, parecía que jamás hubiera tenido las uñas[37] sucias, seguramente se las cortaba y depilaba[38] como trasvestí[39], y no tenía más años que cuando ella vivía todavía en Guatemala, antes que la convencieran que en las ciudades grandes había más oportunidad, y se dejara deslumbrar por las luces de las películas, y viniera a comprobar que un barrio aquí o allá era lo mismo, porque para pasear y entrar sin ser notada ni segregada a la Torre Trump, hacía falta algo más que cambiarse de país, era necesario negociar con el diablo, jalarle la cola[40], abrir las manos para atrapar algo de su gracia maligna, toda esa suerte que sí tenía por lo que parecía el shaolín[41].

Pasó a su lado y se detuvo a leer el menú y el anuncio de las ofertas, se le notaba el apetito, miró en el reflejo a su chofer que estaba esperándolo en la limusina negra de doce metros de largo y le dio lástima que no fuera como hubiera querido su imaginación, un gringo sindicalista[42], de los que escupen al piso y hacen pesas[43] y de noche van a ver mujeres bailar sin el sostén[44], que beben cerveza fría en tarros[45] y se manchan[46] los bigotes con la espuma[47], como era la imagen que guardaba de los soldados que los invadieron después de la gran guerra y mancharon el orgullo de Tokio con su vulgaridad. Y todavía más, deseó en chino que ojalá y empezara a nevar para poder

---

[31] dichosa: feliz
[32] lucirse: destacarse
[33] extravío: locura
[34] soberbio: arrogante
[35] asomarse: aparecer
[36] voltear: dar la vuelta
[37] uñas: *fingernails*
[38] depilarse: *to shave one's legs*
[39] travestí: *transvestite*

[40] jalarle la cola: *to pull his tail*
[41] shaolín: maestro espiritual perteneciente a una cultura oriental
[42] sindicalista: *union member*
[43] hacer pesas: *lift weights*
[44] sostén: *bra*
[45] tarros: *pitchers*
[46] manchar: ensuciar
[47] espuma: *foam*

disfrutar[48] vengativamente de la expresión estúpida del esclavo
irlandés aguantando[49] el frío en el auto, mientras él, un
jovencito nipón entraba a disfrutar de un banquete de pan
y carne sintética en las tierras colonizadas. Pero no, adiós
a la dicha, se trataba de un hispano común y corriente,
probablemente colombiano, ecuatoriano o guatemalteco, como
la mujer que acababa de descubrir a su lado, mirándolo sin
100    disimular, aspirando profundo para retener y memorizar el
delicioso perfume a limpio que le emanaba a él de la ropa.

    Entró al negocio y Margarita se dispuso a presenciar[50] cómo
comía, para averiguar qué era lo que tenía de diferente él, en
qué sentido los chinos podían comportarse en Nueva York de
otra manera, porque en Guatemala eran nada, llegaban ilegales
y abrían en zaguanes[51] sus panaderías o ventas de comida
condimentada que sólo ellos saben preparar con carne de gato,
con ese poco de sabor de piel de rata digerida[52] que le da el
gusto característico a las bocas de los viernes, y con la molestia
110    pública de los urinarios cerca de la cocina que sin embargo son
una bendición para el conocedor, porque los ácidos se mezclan
libremente con el tallarín[53] añejándolo[54], y qué decir de las
verduras shucas[55], que imprimen ese toque final tan apetecible,
dulces secretos que les permite a los chinos prosperar
modestamente en los negocios. Y allí estaban, él adentro y ella
afuera, en pleno verano, aunque si quisiera Margarita también
podría entrar y pedir lo que le diera la gana, porque el país es
libre y ella también tenía sus centavos para esas ocasiones
aunque la acabaran de despedir, pero no, lo raro era verlo a él
120    descender como demonio en pleno centro de la ciudad,
sonriendo, ir a hacer cola como un ser común y corriente, que no
podía ser por experiencia propia, porque a los chinos no les
tiene por qué ir mejor que a nosotros, y luego disponer[56] de una
bolsa con comida para llevar y en un azafate[57] su consumo para
comer allí. Puso lo suyo en una mesa y salió con la bolsa a
donde estaba el chofer impecable, de pelo contradictoriamente
recortado porque su sueño era llegar a ser un Buky[58] algún día,

---

[48] disfrutar: gozar
[49] aguantar: tolerar
[50] presenciar: ser testigo
[51] zaguanes: pasillos
[52] digerida: comida
[53] tallarín: un tipo de pasta

[54] añejándolo: *spoiling it*
[55] shucas: orientales
[56] disponer de: tener
[57] azafate: bandeja
[58] Buky: grupo musical, popular, del
    norte de Guatemala

tal vez porque se apellidaba[59] Solís[60], o debido a su afición por la fotografía.

130    Hablaron en inglés, más claro y entendible el acento del chofer, y oscuro y soberbio el del chino. Parecía bueno con su empleado, es decir lo trataba con el respeto que se le depara[61] a alguien inferior, por lo fortuito[62] del destino. Y debió ser esa su tendencia a la considerada nobleza real lo que lo hizo detenerse un momento ante Margarita, cuando iba de vuelta a su sitio dentro del establecimiento para comerse su hamburguesa llena de sabor del Hudson, con la prisa que se transmite como enfermedad y que mata. Pensó que se trataba de una mujer precipitada en serios problemas, abandonada quizá a su suerte,
140    como en todo caso le pasaba a todos los mortales por igual, pero que por alguna razón lejos de su alcance[63] lloraba allí, recostada[64], con el vestido común y corriente, un poco dañada la tela[65] por la lavadora del edificio donde vivía, y sin razón aparente para él.

Conmovido llevó su mano al saco y extrajo una postal de Buda, se la obsequió[66] con el gesto petulante[67] de quien entrega un billete de cien dólares y se siente la encarnación misma de la bondad. Margarita la aceptó. No hablaron porque no sabían si podrían entender el idioma del otro, y cuando ella por
150    fin agachó[68] la vista, sintiéndose lacandona[69], él regresó al interior del comedero, antes que se le enfriara su pedido, antes que el hielo se derritiera[70], antes que ella dejara de llorar y se marchara intrigada pensando en mandarle la postal a su familia, contándoles que cerca de su casa, a la vuelta, estaba ese monumento chino, porque ahora Nueva York había cambiado, los gringos se habían desvanecido[71], y ya sólo chinos quedaban.

—Es mi suerte— terminaba refiriendo en la nota escrita con tinta azul—, porque los rasgos indios son mejor aceptados por la chinada, nos ven como paisanos, nos aceptan mejor en sus
160    barrios, nos cambian estampitas y espejos por comida.

---

[59] se apellidaba: se llamaba
[60] Solís: se refiere a Marco Antonio Solís cantante del grupo Buky
[61] deparar: notar, caer en la cuenta
[62] lo fortuito: la suerte
[63] alcance: entendimiento
[64] recostada: inclinada sobre algo
[65] tela: *fabric*

[66] obsequiar: regalar
[67] petulante: insolente
[68] agachar: bajar
[69] lacandona: nombre de tribus indígenas que habitan las regiones de Guatemala y el sur de Méjico
[70] derretirse: convertirse en agua
[71] desvanecer: desaparecer

Regresó al metro fastidiada[72], y en el primer basurero que encontró tiró la foto del Buda ése, no cabía duda, su error había sido abandonar Guatemala, porque a estas alturas ya hasta los chinos le figuraban miserias, la trataban como a criada con mala suerte, querían convertirla a su religión, como pasa siempre con nosotros. Mientras que en la cuadra, de jovencita, se había dado al principio tanes[73] de despreciativa por miedo a ser vendida algún domingo de fiesta como carne en plato, bañada de salsa negra, como pulpo[74], a pesar de los sabios consejos de los
170 adultos. Se había reído de un chino, y hasta aquí se lo encontraba en venganza, convertida en medio de la ciudad en un puro plato de chao mein.

Cuando esperaba en la esquina que cambiara la luz para atravesar la calle, vio pasar la limusina negra, el chofer mirando hacia adelante, y el oriental impecablemente trajeado[75], sin anillos ni joyas de oro porque no le gustaba el oropel[76], pero con un bello maletín de cuero humano al lado, recostado el rostro de perfil en el vidrio, ignorándola sin ningún remordimiento[77], pensando en la sabiduría[78] de Buda. Margarita supo que de
180 plano él llegaría primero a su casa. La buena suerte de los demás.

## Lectura Literaria

1. ¿Qué perspectivas utiliza el narrador para enfocar a los personajes de "Nueva York"? Dé ejemplos sobre los cinco personajes que intervienen en el cuento.

2. ¿Qué conflictos sociales sugiere esta manera de enfocar a los personajes?

3. ¿Cuántos tiempos se cruzan en esta narración?

4. ¿Qué información le aporta este contraste entre los tiempos?

5. ¿Qué espacios geográficos se presentan en el cuento?

---

[72] fastidiada: molesta
[73] tanes: señales
[74] pulpo: molusco comestible
[75] trajeado: vestido de traje

[76] oropel: *glitter*
[77] remordimiento: *remorse*
[78] sabiduría: conocimiento profundo

6. En su opinión, ¿cuál es el fin de presentar estos diferentes espacios?

7. ¿Es Margarita víctima de los prejuicios? ¿Está Margarita libre de estos prejuicios? Documente su opinión con ejemplos del texto.

8. El tema del viaje para buscar la superación personal y mejorar es frecuente en la literatura. ¿Cómo se representa este tema en "Nueva York"? ¿Recuerda otros textos en los que aparece este tema? Compárelo(s) con "Nueva York".

9. ¿Representa Margarita al personaje típico de esta literatura de viajes? Explique su opinión.

10. ¿Cómo es el final del cuento? ¿Qué le sugiere este final?

11. En el texto hay varias referencias a problemas de idiomas. Cítelos y explique qué conflictos implican estas referencias en "Nueva York."

## Más allá de la ficción

A. Actividades de redacción

1. Imagine que Ud. tiene que abandonar su país. Escriba cuáles son los motivos de su salida y adónde iría. Explique las razones para ir a ese lugar. Puede usar la forma de un diario personal o una carta a un familiar o amigo.

2. Imagine que Ud. es un/a periodista que tiene que escribir un artículo sobre los inmigrantes. Ud. conoce a Margarita y decide entrevistarla. Teniendo presente la información del cuento, diseñe su entrevista con Margarita. Incluya sus preguntas y las respuestas de ella.

3. Margarita salió de Guatemala porque pensaba "que en las ciudades grandes había más oportunidades" y porque se dejó "deslumbrar por las luces de las películas". Describa minuciosamente, en detalle, qué era lo que Margarita esperaba encontrar en los EE.UU. Después contrástelo con la realidad que la protagonista encontró.

4. Nueva York es el escenario principal del cuento de Méndez Vides. Explique, justificando su opinión, si la presentación de esta ciudad le parece real o no. ¿Qué problemas de Nueva York se exageran en el cuento? ¿Cuáles se omiten?

B. Temas para el debate

1. a. Es necesario que el inglés sea la lengua oficial de los EE.UU.

   b. No es necesario que el inglés sea la lengua oficial de los EE.UU.

2. a. Es fácil para los inmigrantes tener éxito en los EE.UU.

   b. No es fácil para los inmigrantes tener éxito en los EE.UU.

3. a. Hay que limitar el número de inmigrantes en los EE.UU.

   b. No hay que limitar el número de inmigrantes en los EE.UU.

C. Temas para conversar en grupos y discutir

1. Discutan si los estereotipos raciales y étnicos son justificables. Busquen ejemplos concretos para justificar sus opiniones.

2. ¿Recuerdan películas y/o programas de televisión donde se representen personas de diferentes orígenes raciales y étnicos? ¿Creen que el cine y la televisión reflejan los prejuicios de la mayoría al representar a los grupos minoritarios?

3. Este ejercicio tiene dos partes, a y b. **Antes de leer** las instrucciones para la parte b, desarrollen la parte a. Después, continúen con b.

   a. Imagínense con detalles descriptivos cómo sería la vida de Margarita en Guatemala.

   b. Contesten las siguientes preguntas. ¿Quiénes están produciendo una imagen estereotípica de Margarita? ¿Por qué sí? ¿Por qué no?

4. Hagan una lista de las ansiedades y los temores que una persona de los EE.UU. puede sentir hacia los inmigrantes.

5. Hagan una lista de las ansiedades y temores que un inmigrante puede sentir en los EE.UU.